ロバは三度《みたび》自転車に乗って

イギリス・アイルランドへとへと自転車周遊篇

石岡通孝

未知谷
Publisher Michitani

まえがき

この本は、イギリス、アイルランドの二八七一キロを自転車で旅した一〇二日間の記録だ。

マンネリ化して怠惰に染まりきった日常から開放されて、知らない世界に触れてみたいという思いで旅した、いわば一〇二日間のリハビリの記録といってもいいかもしれない。

二〇〇八年に一〇五日間をかけたヨーロッパ横断五七〇九キロの旅、二〇一二年には九五日間のヨーロッパ縦断四六四九キロの旅をしているので、筆者にとっては今回が三度目の海外の自転車旅行ということになる。

先の二回がスケジュールに追われながら長距離を走った旅だったこともあって、今回は小さな島国をのんびりと自転車で走るつもりでいた。緑に覆われた丘や林のそばを少しゆったりした気分で楽しみながら走ってみたくなったのだ。

そんなことを心に思い描きながら、旅の準備を進めるうちにすっかり楽な旅ができるものと思い込んでしまった。

ところがサブタイトルのヘトヘトから想像していただけるように結果は……

その次第はとにかくご一読いただくしかない。

ところで、タイトル中のロバは「ロバは旅に出ても馬になって戻ってくるわけではない」というスペインのことわざから採らせていただいた。

ロバがなにを思い、そして感じながら旅をしたのか、この本を通して読者の皆様に再体験をしていただければ筆者としてもこれ以上の喜びはない。

ロバは三度自転車に乗って　目次

5/19 エディンバラ Edinburgh
5/24 グラスゴー Glasgow
5/18 ベリック・アポン・ツイード Berwick-upon-Tweed
5/16 アニック Ainwick
5/29 ウィグタウン Wigtown
5/12 カーライル Carlisle
5/30 ベルファスト Belfast
5/11 ペンリス Penrith
5/8 ウィンダミア Windermere
6/3 ダンドーク Dundalk
5/5 プレストン Preston
6/4 ダブリン Dublin
5/1 リバープール Liverpool
4/28 チェスター Chester
6/10 カーナーヴォン
Caernafon
4/26 アイアンブリッジ Iron Brige
6/15 ブレイクダウン Blakedown
6/12 マハアンスレス Machynlleth
4/24 ウスター Worceter
6/17 グロスター Gloucester
6/18 オックスフォード Oxford
4/1, 6/27 ロンドン London
4/19 バース Bath
Stonehenge
4/9 カンタベリー
Canterbury
4/11 フォークストーン Folkstone
4/16 サウサンプトン Southampton
4/13 ブライトン
Brighton
4/12 ヘイスティングス
Hastings

ロバは三度自転車に乗って＊イギリス・アイルランドへとへと自転車周遊篇

第一章　ヒースローからアールズ・コートへ

四月一日　ロンドン

午後四時すぎ、搭乗機がようやくヒースロー空港に到着。前夜から一睡もしないまま福岡空港から羽田行きの便に乗ったのが午前八時、昼の便で羽田を出発して狭い座席に坐ったままの十三時間ほどのフライトはやはりつらい。

疲れ切った体を引きずりながら、人気のない建物の中を入国審査の窓口に向かう。延々と歩かされて入国審査の部屋に着くと長い行列がつづいている。担当者の肌の色も様々で、いかにも移民大国に着いたという印象がする。旅行者たちがいろいろ質問されているのを眺めていると入国審査は流れ作業で処理されると思い込んでいたこともあって、胸騒ぎがし始める。じつは、前回の旅行でEU域内での滞在期間が少しオーバーするというヘマをやった過去があるのだ。その時はとくにとがめられたわけではなかったのだが、ヒースローは入国審査に厳しい空港という評判が頭をよぎり始めると不安がつのってくる。

ようやく自分の番になる。黒いターバン姿の浅黒い肌の男性が担当だ。「サイクリングの旅行で来ました」と言いながら、パスポートと入国カードを差し出す。

男性がパスポートを確認して、機械に読み込ませている間、息をひそめながらそれを見守る。

一言二言のやりとりがあって入国許可がおりた時はさすがに胸をなでおろす。

さっそくバゲージ・クレームで自転車の入った特大の段ボール箱と自転車用バッグ二個を受け取ってカートに載せ、空港内に乗り入れている地下鉄ピカデリー線の駅に向かう。

空港の構内で大型の段ボール箱を運んだりしていれば検問に引っかかるのではと心配していたのだが、周りからもとくに怪しまれたりすることもないのでとりあえず一息つく。

ナップザックを背負い、大型の段ボール箱とバッグ二個をカートに乗せたり降ろしたり、押したり引きずったりしながら地下鉄の改札口を通り抜け、なんとか車両に運び込んだ時にはもう汗だく。

地下鉄の車両は天井が低くて幅もやたらに狭い。息苦しさを感じるほどの狭い車両に大柄な人たちが乗っている姿を眺めているとよく我慢できるものだと感心。

地下鉄が動き始める。地上部を走り出すと窓の外には住宅が並ぶ光景がつづく。午後も遅くなっているのだが、晴れ間が広がって、驚くほどの暖かさ。陽気が人々の気分をのどかにさせる、さわやかな春の日だ。ロンドンは曇り空で肌寒いと思い込んでいたこともあって、予想外の暖かさに一安心。

アールズ・コート駅で下りる。アールズ・コートはロンドンの中心ハイド・パークの南西二キロほどの辺りに位置していて、安宿が集まっているので知られている地区だ。一方通行のそれほど広くもない通りには、車が溢れ、道の両側にはこじんまりした店が立ち並ぶ、にぎやかな所だ。

　駅の玄関前ではストリートミュージシャンがトランペットを吹いている。そのそばに荷物を置き、段ボール箱から自転車の本体、サドル、前輪を取り出して組み立てる。作業を終えると空になった段ボール箱をハンドルとサドルの上に乗せて、自転車を押して歩き始める。

　しばらく歩いて左折すると瀟洒な感じのフラットが立ち並ぶ一画に出る。古いがなかなか趣のあるユースの建物がすぐ目にとまる。

　チェックインを済ませて部屋に向かう。迷路のような廊下を通り、階段をいくつか上って部屋に着く。二段ベッドが三組あるだけでテーブルもない狭苦しい所だが、清潔なので一応満足。


　日本を出発する前は、自転車を入れた大型の段ボール箱を空港まで運ぶのにタクシーを頼んでもサイズが大きすぎると断られたりしてタクシーを確保するのも一苦労。あれやこれや旅の準備に追いまくられていた。

　ヨーロッパではテロ事件が多発している上にヒースローから地下鉄で大型の段ボール箱をユースまで運んだりする面倒な仕事があったりして、旅のことを考え出すと不安の種がそれこそ雲のようにモクモクとわいてきて重苦しい気分になってしまった。

　結婚が決まった時は最高の幸せを感じていたはずなのに、式の日が近づくにつれて、マリッジブルーにおそわれている花嫁の心境みたいなものだ。心をときめかせながらもひょっとすると悲惨な結末が待っているかもしれないみたいな、あいまいな不安感に取りつかれてしまったのだ。とにかく海外を一人で長旅をするとなれば、なにが起きても不思議はない。そう考えると結婚と海外での自転車の長旅とにはどこか共通するものがあるのかもしれない。

そんなこともあって、無事ユースにたどり着いたので、ずっと重苦しくのしかかっていた、やっかいな仕事から解放されて気持ちが軽くなる。

疲れ切った体をベッドに横たえ、休んでいるうちに疲れもあってそのまま眠ってしまう。

暗くなった頃、目が覚める。買い物がてら近くを歩いてみることにする。昼間はかなりの陽気だったのだが、夜になると気温が下がり、震え上がるほどの寒さ。こじんまりとした店が立ち並ぶ通りを首をすくめるようにして、しばらく散策。

四月二日　ロンドン

朝、フロントに行って食券をもらう。渡してくれたのは頭からすっぽり黒い布のチャードルで全身を覆った女性。イラン人らしいが、ここのスタッフにはインド系、中国系など国際色豊かだ。

食堂に行く。ハム、チーズ、パン、シリアル、コーヒーなどのヨーロッパでは普通のタイプの朝食だ。

初めて海外の自転車旅行をした時は緊張しきっていたためか、到着してしばらくはまったく食欲がなく、それこそ口に詰め込むようにして食べていたが、今朝は食欲が少し戻っているのでなんとか口にできそうだ。

狭い部屋で会話がないのもつらいので同室の浅黒い肌をした若者に話しかける。

「観光で来たの？」

「いや、こちらで野性動物保護のシンポジウムがあるので、それに参加するためインドから来たんだよ。

「どんな仕事してるの？」

「インドでは森林に住む野生動物の研究機関に勤めていて、主に毒蛇の研究をしてるんだ」

「ヒンドゥー教徒なんだね？」

「いや、クリスチャンだよ」

「じゃあ、牛肉は食べられるんだね。でも、インド人が牛肉食べないといっても水牛の肉は普通に食べてると聞いたけどもな？」

「いや、それは知らなかったよ」インド人でも知らないということは同じインド人であっても宗教が異なった人々同士ではあまり交流がないのかもしれない。

とりとめのない会話をかわしていると自分のすぐ下のベッドにいた六十歳くらいの男が話に加わってくる。話を聞いて眠りから覚めたらしく、少し眠たそうな声だ。いつもベッドで毛布をかぶったままで過ごしている男だ。

しばらく話をかわしているうちに自己紹介してくる。

「もともとは建築家だったんだけど、四年前仕事がうまくいかなくなって廃業して、今は歴史小説を書いたりして暮らしてるよ」どうやら投資に失敗してしまったらしいが、いまは気楽に暮らしていて後悔している様子もなさそうだ。議員から転落した後、ベストセラー作家に一躍変身したジェフリー・アーチャーの例にあやかったのかもしれないが、建築家から小説家に転身するとか、とにかく才能に恵まれているらしい男性なので興味を覚える。

「いまは、ポグロム、つまりロシアのユダヤ人迫害の歴史に興味があって、映画監督スピルバーグの父親の伝記の出版の準備をしてるんだ」

「どこに住んでるの?」

「もとはロンドンのハマースミスに住んでたけど、今はアイルランドに移住してね」

ロンドンにはたびたび来ていて、ユースを泊まり歩いたりして気ままな生活を送っているらしい。

「建築の仕事はどうだったの?」

「退屈そのものだよ。役所との折衝とか、やたらに細かくて煩雑な仕事だからね」と建築の仕事にはもうあきあきといった表情だ。

「アイルランドはどんな国なんだろうね?」

「雨が多いね。そして知的階級の層が薄いという印象だね。あとは若い連中の間にアルコール依存がかなり深刻なことになっていることぐらいかな」

アルコール依存はヨーロッパのどの国でも大きな問題になっているが、アイルランドはかなり深刻な状況になっているらしい。

「酒は飲むの?」

「いや、飲まない。絶対手は出さないよ。酒は毒だからね」ビールは水の代わりらしいイギリスでも禁酒主義者はいるらしい。

「あちらではゲール語が復活していると聞いたことがあるけど、話す人はどれくらいいるんだろうね?」

「ゲール語を話す人間なんかいないよ。いたとしても一パーセントぐらいかな。ゲール語なんてもう死んでしまった言語だよ」

アイルランドはイギリスに植民地として過酷な扱いを受けてきた歴史もあって、民族文化を守っていこうという姿勢が強く、固有の言語、ゲール語が使われ始めていると聞いていたが、実際はそれほどでもないらしい。

「でも、アイルランド暮らしもあきてきたんで、そろそろイギリスに戻ろうかと考えてるんだよ」

「自転車旅行に来たんだけど、スコットランドから北アイルランドを少し走って、その後はアイルランドを走るつもりなんだけど」

「有名な自転車旅行家を知ってるよ。アイルランドに来たら、その人を紹介してあげるから会いにいけばいいよ」

ガブリエル・ムラーイという名の男性。小説を書いているというだけあって、さすがに博識で能弁、眼光が鋭くて、いかにも頭の良さそうな男だ。

外出して、安宿を探して回る。ロンドンから帰国する際には、またこの辺りの安宿に泊まるつもりでいるからだ。自転車を日本に持って帰ることにしているので、宿には自転車用の大型の段ボール箱を置くスペースが必要になる。普通のホテルであればとくに心配することもないのだが、なにせ二段ベッドの安宿では荷物を置くスペースさえもままならない。そんなこともあって、あらかじめ適当な宿を見つけておかなければならない。

いま泊まっているユースでも、一応中国系の女性スタッフに相談したりしたのだが、無愛想で、とりつく島もないという態度なのでこのユースはあきらめるしかない。

辺りの安宿を探してフラットの立ち並ぶ通りを歩いているとラテン系の中年男性から話しかけられる。

地下鉄の地図を示しながら「ここに行きたいんだが、どうすればいいの？」

二人でその地図を眺めていると、大柄で腹の出た中年男が現れて、話しかけてくる。

「君は日本人か、東京から来たの？」男性はこちらに次々と質問してくる。

同時に二人を相手にするわけにもいかないので、とりあえずラテン系の男性に乗り換え駅を教えていると割り込んできた男が突然ラテン系の男性にＩＤカードを示しながら「パスポートを見せて！」

と切り出したので一瞬ドキリ。

「持っている現金を見せて！」となおもたたみかけてくる。

大柄の男性は、ラテン系の男性が素直に差し出した封筒の中味を確認した後、一瞬驚いた顔をして「おい、これを見てみろよ」と言いながら封筒の中を見せる。

ひょいとのぞいてみると新札の分厚い束がぎっしり。

乗換駅を教えてやった後、ラテン系の男性が立ち去ると「君のパスポートを見せて」と今度は自分の番だ。

「ホテルに置いているのでここには持ってないよ」

「では、持っている現金を見せて」

ポケットに裸のままで入れていた新札を見せる。

状況からするとこの二人はグルで、なにやら企んでそうな気がしないでもなかったのだが、二人の善良そうな顔つきはどう考えても怪しそうな連中ではなさそうだ。

しばらく話しをしているうちに辺りを巡回している私服の警官ということがわかって一安心。どうやら不法滞在している外国人の取り締まりをしているらしい。

「日本には十七年前に行ったことがあるけど、食べ物がうまいし、女性はきれいだし、とにかく日本人は文化的な人たちだと敬服したよ。それにひきかえ、こちらの食い物のまずいこと。おまけに、物価は高いし、もう最悪だよ」とイギリスをけなしながら、日本のことをべた褒めし始める。よほど日本にいい印象を持ってるらしい。

そのうち知っている日本語を次々と口にしたり、しまいにはアメリカ大統領選の予想まで始めたり、なかなか話題豊富で面白い男性なのでしばらく立ち話。イギリス人は一見冷たくて、とっつきにくい人たちというイメージがあったのだが、なかなか愉快な人物だ。

同宿のムラーイに「この辺りはものすごい高級住宅地だよ」と聞かされていたので、興味もあって、近くを散策する。辺りは緑に囲まれた瀟洒な家ばかり。庭付きの戸建ては少なくて、石造りやレンガ積みの四階建てくらいのフラットの形式の古い建物が多く、落ち着いた雰囲気に溢れている。イギリスは日本と違って、古い家ほど価値が高くなるが、辺りに漂うたたずまいの見事さになるほどと納得する。

夕方、ハンバーガーショップに行く。料金が千円以上もして、やはり物価は高い国のようだ。ハンバーガーを食べていると同じテーブル席に六十歳くらいのアジア系女性が坐る。

「どこの出身なの?」

「フィリピンから来て、ロンドンで二十年ほど保母の仕事をやってきたの」

「イギリスのことはどう思ってる?」

「こちらの人たちのことは気には入っているんだけど、とにかく冬が嫌いでね」と寒さがこたえるといった表情になる。

「でも、間もなく国に帰るんだよ」

気候が厳しすぎることもあって、母国での生活を心待ちにしているらしい。

昼間は暖かかったが、夜になると雨になり気温が急激に下がる。

イーデンさんからメールがあって、明日地下鉄のパディントン駅前で会うことになった。イーデンさんはロンドン在住のイギリス人だが、数年前までしばらく福岡に住んでいたことがあって、自分もメンバーになっているボランティア・グループの一員として筑後川の大水後の災害復旧活動に参加したことがある人だ。自分はその時、あいにく海外を自転車旅行中だったのでその活動には参加していなかったのだが、グループのメンバーがイーデンさんに会えるように手配してくれたのだ。そんなこともあって、明日が初対面となる。

四月三日　ロンドン　当日：一四キロ

パディントンはユースのあるアールズ・コートからはケンジントン・ガーデンズやハイド・パークを挟んだ北側になる。

あらかじめ地図で道路を調べたのだが、なにせロンドンの町を走るのは今日が初めての上にまだ時差ボケが残っていたりして体調も十分ではないので、自転車で道に迷わずにうまく目的地に着けるものか心配だ。

アールズ・コートの通りから大通りのクロムウェル・ロードに出る。道路は車で混んでいて、車の速度がやたらに早くて運転が少し荒い感じがする。

こちらでは自転車は車道を走ることになっているのだが、道路の両側には駐車中の車が並んでいるので道路の真ん中を走るしかない。走っているうちにだんだん怖くなってきて、これからの旅への不安がつのってくる。

今までも二回の海外自転車旅行を経験しているが、道路の様子が日本とはかなり違うということもあって、旅の初めにはいつも緊張してしまう。とにかく慣れるしかない。

ハイド・パークの南側は高級住宅街になっていて、途中で見かける建物は古くて落ち着いた感じのフラット形式のものばかり。ケンジントン・ガーデンズの辺りに出るとすぐ隣はハイド・パークだ。中に入るとその大きさと緑の豊かさにため息がもれる。

かなり余裕をみて出発したのだが、途中で道がわからなくなり、人に尋ねたりしながらパディントン駅前に着いたのは約束の時間の直前。しばらくするとイーデンさんが現れる。挨拶をかわし、イーデンさんの案内で近くのカフェに向かう。

イーデンさんは日本人の母親を持つハーフということもあって、イギリス人としては少しスリムで繊細な感じのする三十代の男性だ。会社勤めをしていて、いかにも背広の似合いそうな人だ。初対面ということもあって、カフェの席につくとまずは自己紹介し合ったり、日本でのボランティア活動の話をした後におおまかな旅のルートを説明する。

「イギリスの四月は雨が多いですよ。それにもともと天候が不安定な国なので晴れていてもすぐに雨になったりしますから、そのつもりでいて下さいね。それとこちらは物騒ですから、あの自転車の錠では自転車が盗まれてしまいますよ。もっと頑丈な錠にしないと」

たしかにこちらで使われている自転車の錠は日本ではあまり見かけないような、堅牢そのものといったものばかりだ。

旅の話を一通り話し終え、雑談になる。

「テレビなどで日本の板前さんが刺身の造り方を極めようとして、一生懸命努力している姿を見たりすると感動しますよ。イギリス人にはないことなのでね」という彼の話に興味を持つ。金銭づくではなくて、自分の技を純粋に研鑽しようと努力する姿が印象的らしく、どうやら日本の職人の匠の技といったものに感心しているらしい。技を支えるためにはまず心がいる。そう考えると匠の心といった方が正確かもしれない。

「イーデンさんが感激された理由が十分理解できているかどうかはわからないけれど、欧米人にはキリスト教の影響があって、労働を苦役と考える傾向があると聞いたことがありますが、ひょっとしたら、そのことがこちらの人たちの働く姿勢に影響してるのでしょうかね？」

「たしかに欧米人にはそういった面があるかもしれませんね」

「日本人にとっては身近に使われていて、なくてはならない言葉に生きがいというのがあるんですが、外国語にはこの言葉を表す適当な訳語が見当たらないということを知った時ほど驚いたことはありませんよ。生きがいは、日本人にとってはいちばん大事な言葉といってもいいですからね。日本人にとっては、自分を高めたいという気持ちが生きる支えになっているような気がするんですよ。そのこととイーデンさんが感動されたことと少し関係があるのな」とっさの思いつきみたいな言葉が口に出る。

「その生きがいという言葉はどういう意味ですか?」と質問されるが、訳すのが難しすぎて、うまい訳が見つからない。

英語には、モチベーションという言葉はある。行動することへの動機づけという意味になるのだろうか。しかし、モチベーションという言葉には、金銭や昇進といった物質的な報酬で裏づけされたものというイメージがあって、生きがいとは少しニュアンスが違うようだ。

生きがいとは外部の評価とか報酬とは別の自分自身の誇りにつながる、もっと心の深奥にある生きる支えみたいなもののように思える。

こんなことを真剣に考えたことがなかったこともあって、しどろもどろになりながら説明する。

「おっしゃってることは、なんとなくわかりそうな気がします」という答えが戻ってくる。

日本には茶道や武道などに見られるような様々な道の精神、つまり道を極めようとする伝統がある。ただ単に技能を高めるだけではなく、その奥に精神的な価値を見出そうとする姿勢だ。そう考えていくと職人の匠の技もこれらと同じ流れにあるものなのかもしれない。日本人は生きることについても、職人の匠の心のようにそれを支える強い精神的な裏づけを必要としていて、そのことが日本人に見られる生きがいへの強いこだわりになっているのかもしれない。

会話を終え、カフェを出る。

「すぐ近くに自転車店があるから、そこで錠を買ったら」と自転車店に案内される。鉄板と鉄パイプを組み合わせたような巨大な錠をすすめられるが、さすがに重すぎるので少し軽めのものを購入。購入後、再会を約して別れる。

部屋に戻ると、相変わらずムラーイが毛布をかぶって寝ている。金もなく、することもないので寝るしかないといった様子。

「これからの予定はどうなっているの？」

「オックスフォードでブックフェアがあるんでね。そこで自分の本をセールスするんだ」

ブックフェアまでは、時間を持て余している様子なので部屋では彼とはとりとめのない会話をして過ごすのだが、困ったことに、この男はインテリなので時々難しい質問をしたりする。

「日本の文化を象徴しているのは茶道と思ってるんだけど君はどう思う？」とムラーイに質問される。ヨーロッパでは神道や仏教に関心を持っている人は少なくない。ところが、こちらは神道や仏教はもちろん茶道の知識などは皆無だ。たとえ理解している所があっても自分の貧しい英語力では答えることなどはとても無理だ。そんなこともあって、むにゃむにゃ言いながら誤魔化してしまう。

夕食のために外出。アールズ・コートの辺りには、インド料理、中華料理、フィリピン料理、レバノン料理、ハラール食の店、日本料理などのレストランが立ち並ぶ多国籍ぶり。肝心の自国料理の店が見当たらないのがまるでアムステルダムの一画を思い出させる。やはりイギリスはそれだけ料理が発達してない国ということになるようだ。

食欲があまりない上にそもそも口に合う料理が見当たらないこともあって、サブウェイに入る。もともとアメリカ発のサンドイッチのチェーン店なのだが、あちこちで店を見かけるので、こちらでも人気があるらしい。

まずはパンの種類を選び、三十センチほどの長さのフットロングを注文。店員が切れ目を入れて開いたパンに、ハム、チーズを並べ、タマネギ、ピーマン、ピクルスの刻んだものを挟んで、ホットチリをかけてもらって完成。料金はこれでわずか五ポンドほど。それを店のテーブルの前に坐って食べる。夕食としてはいささかわびしすぎるが、これでなんとかお腹いっぱいになる。栄養のことを考えて、スーパーで大きめのサイズのヨーグルトを買って帰る。

もともとチキンが苦手だったり偏食気味な上にこちらの食事は口に合わないので食事をするにも選択肢が限られてしまう。とくに困るのは、スーパーに入っても日本の弁当みたいに手軽に食べられるような食べ物の品ぞろえが少ないことだ。それに外食するにしても、ふらっと入って簡単にそこそこの味が楽しめるような店が少ない。そんなこともあって、これからなにを食べながら旅をしていくのかと考えると少し気が重くなってしまう。

なかなか旅の疲れがとれないので、ユースに戻ってからはずっと寝て過ごす。

四月四日　ロンドン　当日：三一キロ　累計：四五キロ

曇り、肌寒い。

今日は多少体調が戻ってきたので自転車でロンドン塔の見学に出かける。ロンドン塔は宿からほぼ一五キロほど東のテームズ川沿いだ。ロンドンの中心部はやたらに道路が混んでいそうで、走るのが少し気がかりだ。

東に向かって進み始めるとやがて道路が狭くなり車が溢れ出す。歴史のある古い町なのでやむを得ないとはいうものの、この車の洪水ともいえる状態はもはや完全に都市の限界を超えているとしかいいようがない。車を運転しているイギリス人たちの忍耐力には感心するばかり。

驚いたことに車で溢れる道路を自転車で走っている人たちも結構見かける。速配や通勤の人たちらしいが、ロードバイクで平然と車の間を縫うように走っている姿は眺めているだけでも少し怖くなる。この様子を見ていると都市部を自転車で走るのは、日本の方がかなり安全なように感じる。

ウェストミンスター寺院の横を通って、ロンドンの中心部に向かううちに道がわからなくなる。あらかじめ地図で場所を確かめていたのだが、重度の方向音痴ということもあって四苦八苦。

コンパスを持ってこなかったのが失敗だ。歩道に掲示されている地図で場所を確認しながら走る。

金融街のシティに着き、そこをさらに進むとやがてロンドン塔の城壁が見え始める。前の広場には観光客が溢れてまるで休日の遊園地だ。

自転車を止める場所を探していると路上でチケットを売っている青年から話しかけられる。

「昨日、あなたと話したよ」と言われて、一瞬きょとんとする。

「ハイド・パークでパディントンに行く道を尋ねられたよ」と言われてびっくり。

「自転車はここに止めたらいいよ。見学している間、自転車を見ていてあげるから」さっそくそばの鉄柱のそばに自転車を止め、チケットを購入した後、青年としばらく話をしているとシチリア出身とわかる。

「シチリアには四年前に自転車で旅行したよ」と片言のイタリア語でシチリアの旅の話をしてやると今度は相手が目を丸くする。

見学者の人ごみをかき分けて、ロンドン塔に入場。

外壁は灰色がかった茶褐色だが、苔も生えてなくてまったく古色を感じさせないのがなんとも不思議な感じだ。

牢獄や処刑場として使われてきた陰惨な歴史に彩られた建物なので、ここに住んでいた王族たちがどのような気持ちで過ごしていたのか興味がわいてくる。しかし周りには観光客が溢れて、レジャーランドの雰囲気が漂っていることもあって、その心境を推し量ることなどはできそうにもない。

建物の中は複雑に入り込んでいて、階段が多い。狭い階段を上っていると足元がふらつく。久しぶりにしっかり歩かされたこともあるが、旅の疲れがまだとれきっていないようだ。

まだ寒いのだが、敷地には、桜やこぶしの花が開いていて、少しずつ春めいてきているのがなんともうれしい。

ユースに戻って、ラウンジでムラーイと話しているうちに周りの英語圏からやってきた青年たちが話に加わり始める。ムラーイと二人だけで話している時には、こちらの英語力に合わせて手加減してくれるのだが、ネイティブたちが集まっている場所での会話となるとそうもいかない。英会話は、若い頃から気が向いたような時に手を伸ばしたりしていたのだが、記憶力が悪くて語彙が増えないのが致命的、勉強が長続きしたためしがない。おまけに、もともと口も重いときているので英会話に資質があるとも思えない。そんなこともあって、この連中の英語には完全にお手上げだ。

四月五日　ロンドン　当日：一八キロ　累計：六三キロ

今日は大英博物館見物の日だ。大英博物館は、ロンドンの繁華街ソーホー地区の少し先になるが、自転車で行くことにして出発。

クロムウェル・ロードを渡って、ハイド・パークの端のマーブル・アーチに出る。そこから右手のオックスフォード・ストリートを進むとこの辺りからはロンドンでもいちばんのにぎやかな場所になる。観光客が溢れる通りを進む。道路の混み具合はローマに比べれば少しましといったところだが、自転車で進むのはやはり大変だ。

道を尋ねながら大英博物館にたどり着く。正面がギリシャの神殿風の荘重な造りになっていて、いかにもアカデミックな雰囲気が漂っている。

博物館に入ると若者たちでいっぱい。発掘品、美術工芸などの世界的遺産の膨大なコレクションは、他では観ることのできないものばかりで、もう見事としかいいようがない。いずれにせよ半日ではまともに見学することなどとても無理だし、明日は自転車の旅のスタートの日なので早めに宿に帰って体を休めなければならない。またロンドンに戻ってきた時にあらためて見学することにして、足早に見学を済ませ、そのままユースに戻る。

ユースの近くにテイクアウト専門の中華料理の店を見つけ、酢豚、チャーハンを買って帰る。日本と比べると味のレベルはかなり落ちるが、それでもこちらの食事になじめないこともあって、少し救われた感じがする。

いよいよ明日は出発だが、旅のことを考えるうちに気持ちが高ぶってきて、神経が張り詰めたような気分になってくる。

第二章　吹き荒れる嵐の中を

四月六日　メドウェイ　当日：六九キロ　累計：一三三一キロ

いよいよ自転車の旅の始まりだ。今日の目的地メドウェイはロンドンから六〇キロほど東の町だ。そこに三泊した後、いったん東のカンタベリーに向かい、ドーバーの辺りで方向転換して、西に向かって走ることになる。

緊張しながら外に出ると肌寒くて、小雨が降っている。今日中には回復しそうもない空模様なので少し気が重くなる。しかし、カンタベリーまでは宿の予約を済ませているので今さら出発を延期するわけにはいかない。

ロンドンの過密状態の道路をうまく抜けられるか不安を感じながら走り始め、テームズ川を渡る。しばらく進むと辺りはくすんだ色調のわびしい感じの町並みとなる。少し南側がロンドンでも有数の治安の悪い地域になっているためか、辺りはアールズ・コートののどかさが消え、索漠としたものに一変する。

雨の中を東のグリニッジに向かう。相変わらずうらぶれた雰囲気の町並みがつづく。鉛色の空の下で寒さに震えるように咲いている桜の花を見かけるとなつかしさもあって、一瞬の安らぎを覚える。

ロンドンの市街を通り抜け、ダートフォードの辺りを走っているうちに、とうとう本降りになってしまう。

早く目的地に着きたいので、バス停を見つけては雨宿りを繰り返しながらひたすら走るしかない。とにかく気ばかり焦って、ポンチョを着る気にもなれない。

長くて傾斜のきつい坂が多くて、寒さも厳しい。おまけに雨になってしまったので気が滅入りそうになってくる。

しばらく走っていると周りは大型トレーラーとダンプカーだらけ。辺りに民家を見かけないので間違って高速道路にでも入ってしまったのかと一瞬蒼ざめる。

しばらく進むが、やはり周りは大型車両ばかりだ。どう考えてもこの危険な道路を走りつづけるわけにはいかない。安全そうな横道にそれてしまいたいのだが、道が見つからない。そのうち大きなロータリーにたどり着くが、ここでも走っているのは大型車両ばかり。走るのが怖くなって進むのを尻込みしそうになってくる。

ロータリーには、円状の中心部の周りに放射状にいくつもの道路が分岐していて、それぞれの行先が表示されているのだが、メドウェイに向かう道路がわからない。

嵐の中を先導してくれた二人の若者

途方に暮れていると道路脇の空き地で測量作業をしている二人組が目に入ったので、道を教えてもらう。なんとか進む方向がわかったので胸をなでおろす。

そばの草むらに耳の垂れた犬、キャバリアが一匹坐っているのに気づき、不思議に思って尋ねてみると「彼の犬さ。いつも犬を連れて仕事してるんだよ」もう一人の作業員の犬だ。なんともほほえましい光景につい笑みが浮かんでしまう。

気分しだいということか、その後は順調に走りつづけて、ようやくユースのあるメドウェイに着く。さっそくユースの場所を尋ねるが皆途方に暮れたような表情になってしまう。

メドウェイはいくつかの町が集まっている広域の自治体になっていて、やたらに広い所らしい。ユースの場所が遠すぎて、どうにも説明の仕様がないといった様子だ。

そのうち、風が強くなり、横殴りの冷たい雨が体をたたきつけ始め、とうとう嵐みたいな様子になってしまう。道がわからないままに途方に暮れているとこちらに歩いてくる若者二人組が目に入ったので、さっそく道を尋ねる。

「途中まで連れて行ってあげるよ」一息つきながら二人の後を自転車を押してついて行く。辺りの道路が少し複雑すぎるので案内してくれるらしい。

吹き荒れる雨まじりの強風に身をすくめるようにして歩きつづけて、ようやく大きな橋のそばに着く。

「ここから進めばいいよ」やっと行く道がわかってきたので安堵しながら二人にお礼を言って別れる。

疾風と雨に翻弄されながら進みつづけるうちにユースに近づいてきたようだ。緑に覆われた丘のそばの坂道を走り回って、やっとユースに到着。山の中の林に囲まれた静かな所だ。このユースはメドウェイの中のジリンガムという所にあるだが、チャタムの町に近いらしい。

同室には老年の男性がいる。「バードウォッチングにやってきたんだよ。この辺りは海に近くて丘が広がっているから、鳥が多いんだ」

もう一人はケンブリッジから来た庭師の青年。

「村上春樹が好きでね。日本に興味があるので日本に行ってみたいと思ってるんだ」こちらが日本人だと知るとさっそく日本のことについて話し始める。かなりの日本ファンらしい。

「今日は休暇を利用して、勉強のために近くの庭園見物にやってきたんだ。ところで仕事でいろんな作業用の道具を使っているけど日本製のものは最高だよ」

料理用の包丁や理容用のハサミが海外で高い評価を受けていることは耳にしていたが、刃物は全般に日本製のものは定評があるらしい。

「庭師の仕事は体を使ったりして健康的だし、なによりも緑の中で仕事できるなんて最高の仕事だね」と言うと大きくうなずく。イギリスはていねいに手入れされた丘が広がっていてまるで庭だらけといった国だが、ガーデニング好きの人も多いので、こちらでは庭師は結構ポピュラーな仕事になっているらしい。

今日は自転車旅行の初日だが、坂道に苦しみ、冷たい雨と嵐でさんざんな目にあってしまった。気候も地形も予想外の厳しさだったこともあって、これからの旅を考えていると気が重くなるばかり。

四月七日　メドウェイ　当日：二二キロ　累計：一五三キロ

朝起きると、まずは食堂での朝食だ。テーブルに置かれたヨーグルト、食パン、コーンフレークなどを適当に選んで食べていると別にイングリッシュ・ブレックファストも用意してあったので、それにもチャレンジ。

イングリッシュ・ブレックファストではおなじみのベーコン、ソーセージ、インゲン豆をソースで煮たベイクドビーンズ、みじん切りにしたジャガイモを揚げたハッシュブラウン、焼きトマト、ブラックプディングなどがテーブルに並べられている。

スタッフが「どれを選ぶの、それともフル？」と聞いてくる。フルを選ぶと大きな皿に全部を盛り合わせてくれるのだが、大皿いっぱいに料理が全部並べられると、あまりの量の多さに度肝を抜かれる。

テーブルに運んで、さっそく食べ始める。あまり食べなれない食感のものもある。最初に食べてみたのはソーセージだ。にゅるっとした異様な歯ごたえ。パン粉が加えてあるらしく、噛んだ時に豚肉一〇〇パーセントで造ったソーセージ特有のプチッとした歯ごたえがない。思わず、あの得体の知れない食感が大の苦手でいつも敬遠しているおでんのちくわぶを思い出す。まずいとしか言いようのないこのソーセージがなぜイギリスで好まれているのかどう考えても理由がわからず首をかしげるだけ。

次はベーコン。ベーコンは塩漬けの豚肉を燻製にしたものだが、日本のものとは大違い。日本ではベーコンといえば脂肪の層がはっきり分かれた三枚肉を薄くスライスしたものが一般的だが、こちらのは肩ロースで、ステーキやトンカツに使われる切り身みたいにやたらに大きくてぶ厚い。脂がぎとぎとしていて、それほど加工されている様子がない。脂の塊りみたいなものだが、これがとにかくしょっぱい。

豚の血を固めたソーセージの一種、ブラックプディングも相当なものだ。なんとも形容しがたい異次元の味がして、口にしたとたんに目が宙を泳いでしまう。

このイングリッシュ・ブレックファストはやたらに脂肪分が多くて、高カロリー、おまけに塩分がきついこともあって体にいいとは思えない。たまに食べるのだったらともかく、これがいつものこととなると敬遠してしまいたくなるような料理だ。

しかし自転車旅行をしているので、栄養をきちんと補給することが最優先になる。例えば塩分だ。もともと汗かきの体質ということもあって、自転車旅行中は食事の時にテーブルに置いてある食塩の包みを失敬して、後で嘗めたりする。イギリスがいくら寒いといっても長距離を自転車で走りつづけるのだから塩分の補給は欠かせない。そんなわけで高カロリーの上にやたらに塩分のきつい、健康面から見て問題のありそうなこの料理が逆に願ってもないものになる。栄養重視でいくしかないので、とにかく栄養満点のイングリッシュ・ブレックファストを平げてひとまず満足。

今日は昨日と打って変わっておだやかな天気。青年が庭園見物に出かけた後はベッドで休む。ここには三泊する予定なので、近くにあるリーズ城という有名な観光スポットに行ってみたい気もするのだが、昨日雨と寒さの中を走らされたこともあって、その気にもなれない。まずは休養して体力を回復させなければならない。そこで久しぶりの洗濯。

昼過ぎ、自転車でチャタムの町の見物に出かける。外に出ると空はどんよりと曇り、かなりの寒さ。日本の真冬の気温だ。

林に囲まれた坂道を下り、大きい道に出ると周りにいくつもの丘が重なり合いながら、遠くまで延びていて、丘の斜面に広がる新緑が美しい。

走っているうちにあまりの寒さに悲鳴を上げ、町に出かける気分をなくしてユースに戻ることにする。ところが、走っているうちに道に迷い、気がつくと目の前はチャタムの商店街だ。買い物客に混じって、こじんまりとした商店街を歩く。

通りの片隅に掛け布団から上半身をさらけ出すようにして寝ている中年女性の姿が目に入る。ホームレスみたいだが、通行人は気に留める様子もなく通り過ぎるだけだ。

四十歳くらいの男性にユースへの帰り道を尋ねるとこの男性親切にも通りの外れまで案内してくれる。

「仕事はなにやってるの?」

「フォークシンガーさ。この辺の街頭でいつも歌ってるよ」

人が良さそうで、いかにも気ままに生きているという感じの男だ。ヨーロッパでは物乞いの姿をあちこちで見かけるが、ストリートパフォーマンスもおなじみの光景だ。こちらの人たちには「金は天下の回り物」、困った時はお互い様みたいな互助の精神が根付いているらしい。

昨夜の酔いがまだ残っていて少しけだるそうにしている、うらぶれた感じの男と話しながら歩いているうちに貧乏に苦しめられているフォークシンガーを描いた映画「インサイド・ルーウィン・デイヴィス」を思い出す。「君みたいな仕事やってたら興味の持てそうな映画だからぜひ観なさいよ」とその映画を勧めてお別れ。

帰り道を進んでいると町外れに食堂を見つける。店に入ると中はいかにも雑然としていて、周りにいる客もどこかみすぼらしい感じがする。さきほどのフォークシンガーも多分ここの常連のはずだ。

朝に引き続き、イングリッシュ・ブレックファストを食べる。料金は一・九九ポンドだ。

物価の高いイギリスでは、イングリッシュ・ブレックファストはサンドイッチと並んで割安感がある食べ物だが、町外れのわびしい感じの店ということもあってか、これまた破格の安さだ。

店を出て進み始めると長い耳を垂らし太くて短い足をした、ハッシュ・パピーのモデル犬、バセット・ハウンドを連れた中年女性がいたので道を尋ねる。声をかけたのはあくまで口実で、気に入った犬を見かけたのでしばらくそばで眺めていたくなったのだ。

「こちらの天気があまりにも悪いので驚きましたよ」と愛嬌のある犬を眺めながらもつい愚痴が出てしまう。

「この時期はこちらではエプリル・シャワーといってね、雨がとても多い時期なのよ。仕方ないわね。この天候がイギリスの緑を育ててくれるんだからね」イギリスのサイクリングを紹介したガイドブックで四月がおすすめの時期となっていたので、それを参考にして四月から走ることにしたのだが、まさかこれほど寒くて雨が多いとは思いもよらなかった。計画の甘さを反省するばかり。

寒空の下を走り回って、やっとのことでユースに戻る。庭園見物から戻った庭師の青年と話していると四十代の男性が入室してくる。

「自宅はノッティンガムだけど、こちらの企業に就職したばかりなので、とりあえずユースに泊まることにしたんだよ。勤め始めたのは食品などのパッケージ印刷の会社でね。ヨーロッパでは大きなシェアのある日系の企業だよ」

日本から自転車旅行でやってきたことを話すとこの男性はさっそく日本に関心があることを話し出す。

「和道流の空手を二十年もやってきたんだよ。それも形の練習ばかりを延々と。でも年をとるにつれて体が硬くなってきて、近頃は技が出せなくなってきてね」と目の前でその形を見せてくれる。

「日本の文化には興味があるんだよ。書道や園芸それに歴史にも関心を持ってるよ」と次々と日本文化の話が口から出てくるほどの日本通で、大のスポーツ好きだ。

「家のあるノッティンガムからロードバイクで出発して、エディンバラ、アイルランド、ウェールズを回ったことがあるよ」という男性の言葉に驚く。

「その時には十日間で毎日一〇〇キロ以上走ったよ」とのことで、さすがに二十年も空手をやってきただけはある人だ。

同室に二人も日本文化に興味がある人がそろったことに驚く。海外旅行をしていると時々人種差別に近いような経験をすることもあるのだが、一方では日本に関心を持つ人に出会うことも少なくない。今までの旅に比べるとイギリスには日本に興味を持つ人が多いような感じがする。

午前中に晴れ間が見えたと思っていると、やがて曇りになり、そのうち雨がぱらつき始める。これから天気は下り坂で出発の日は雨になりそうだ。とにかく寒くて、おまけに天候が不安定で、これから先も天候には苦労させられそうだ。

四月八日　メドウェイ　当日：八キロ　累計：一六一キロ

滞在しているのは二段ベッドが二組の小さな部屋。ベッドに寝転ぶとすぐ上の天窓から雲の移り変わる様子がよく見える。今日も相変わらず、寒々とした曇り空だ。

午後はチャタムの町の見学。狭い通りに立ち並ぶ商店を眺めて歩く。青果店の店先にはジャガイモ、マッシュルーム、アーティチョークなどこちらではおなじみの野菜の他に大根、サツマイモも見かける。ヤムイモやキャッサバなどの日本では見慣れない野菜や果物が多い。日本に比べると種類が多そうだが、全体に大ぶりでいかにも大味といった感じがする。

通りを歩いていると道路の脇に掛け布団をかぶって、ぐったりと横たわった老人男性を見かける。そばには救急隊の女性がかがみ込んで男性の脈を計っている。

昨日もこの近くで掛布団をかぶった中年女性を見かけたが、今日も通行人たちは皆、気にする様子もなく、横を通り過ぎていくだけだ。

いくら布団にくるまっていてもこの寒さの中、路上に横たわったままでは寒くて仕方がないはずだ。かって「ゆりかごから墓場まで」と教科書で学んだイギリスの社会福祉の実情がかなり深刻らしいことに驚かされる。しかし、よくよく考えてみるとどこか変。昨日布団にくるまっていたのは女性だったのが、今日は男性に替わっている。しかも、わざわざ人通りの多い路上で横たわるという、いかにも人目を引くような行動はさすがに不自然すぎて、どこかおかしい。人の同情を引いて、金をせびるためにやっているとしか思えない。

日本にも昔傷痍軍人の格好をして金をだましとるような連中がいたものだが、イギリスにも同じような手合いがいるのだろうか。

四月九日　カンタベリー　当日：四八キロ　累計：二〇九キロ

今日は四〇キロほど東のカンタベリーに向けて出発だ。ユースの担当者に経路を相談すると「A2だね。これはローマ帝国がイングランドを支配していた当時造られた古い道路で、それで行けばいいよ。でも、途中から車線が増えて交通量が多くなる危険な道路だからね。しばらく走った後は脇道にそれた方がいいよ」とアドバイスされる。

カンタベリーまではほぼ直線の道路になるので道に迷うことはなさそうだが、いかにも危ない道路らしいので緊張する。

出発してしばらくすると道がおかしいのに気づく。人に尋ねるととんでもない方向へ行こうとしていた。またもや先日と同じ失敗だ。あわてて道を引き返して、やり直し。そのうち小雨となるが、そのまま進み、なんとかシッティングボーンに到着。

レストランでイングリッシュ・ブレックファストの朝食。食事を終えて外に出てみると雨は本降り。ロンドンを出発してからは悪天候つづきなので、もううんざり。

フェイバーシャムを過ぎた辺りで交通量も多くなってきたので、A2を外れて脇道に入る。

雨はいっこうに止む気配がないどころか、さらに雨脚が強くなる。気温も下がり始め、吐く息が白くなる。急ぐしかない。

速度を上げながら車道から歩道に移動するために段差を乗り越えようとしたとたんにもんどりうっ

て、転倒。体が路面に叩きつけられ、衝撃とともに左半身に鈍い痛みが走る。一瞬体がしびれて思考が止まる。左の手のひらに痛みを感じたので見てみると大きな擦り傷ができて血が滲んでいる。頭部と体をかばおうとして、とっさに左手を差し出したためだ。雨水に覆われた路面に投げ出されたのでジーンズも泥だらけ。

こちらに向かってきたトラックの運転者が車を止め、驚いたような表情で「大丈夫か?」と聞いてくれる。頭は打ってないし、どうやら骨折している様子もないので「大丈夫だよ。有難う」となんでもない素振りをしながら答える。路面に激しく叩きつけられたので痛みが激しくて大丈夫どころではないのだが、自分のミスで起きたことだから耐えるしかない。

なんとか気を取り直して、雨に濡れ寒さに身を固くしながら進んでいるうちに疲れがひどくなってくる。転倒して負傷までしてしまったので惨めな気分に襲われてしまい、いっそう体が重くなったような感じがする。

今日は二〇キロほど走った時点ですでに強い疲労を感じていたので、体調が良くないようだ。そんなこともあって、三〇キロを過ぎるとますます疲労が激しくなり、走るのがつらくなる。頻繁に休憩をとって、体力の回復を待つ。しかし、しばらく休んで自転車に乗ろうとしても疲れがひどくて右足が上がらず、サドルに引っかかってしまう。それでも我慢しながら先に進む。

ボートン、ダンコークの辺りで道がわからなくなり、道を尋ねるが、道路が複雑すぎてどこを進めばいいのかわからない。こうなったら、いくら危険でもA2に戻るしかない。意を決してA2に戻ると道路は高速で飛ばす車で溢れるカオス状態。覚悟を決めて、進むうちにいつの間にかカンタベリーに到着。安堵の胸をなでおろす。

カンタベリーはイギリスのキリスト教の中心地として知られる、落ち着いた感じの小さな町だ。場所を尋ねながら午後三時すぎ、町の中心から二キロほどの所にあるユースに到着。荷物を置いて、しばらく休んだ後はさっそく泥だらけのジーンズの洗濯だ。

しかし、ロンドンを出発して以来、走るたびに雨になり、しかも寒さがきつい。おまけにやたらに坂道が多いので長い距離を走るのがつらい。予想を超える悪コンディションに気が滅入っている上に、転倒して負傷までしたこともあって、最悪の気分。これからもこの悪天候と坂道だらけの地形がつづくと考えると嫌気がして旅を放り出したくなる。いずれにせよ、今日は今までのサイクリング歴を振り返っても最悪の日となってしまった。

夜遅く、四十歳くらいの細身の男性が入室してくる。

「マラソン大会に参加するためイングランドの東部から来たんだけど、今までもあちこちの大会に参加してるんだよ」

この男性、大手の自動車メーカーに勤務するサラリーマンだけあって、聞き取りやすい英語を話す人だ。というのは、毎日、何度となく人に道を尋ねるのだが、癖のある英語を話す人ばかりで、相手の言葉がうまく聞き取れたためしがない。所々耳に残った会話の断片から相手の言っていることを推測するという程度。そんなこともあって、わかりやすい英語を話してくれる人が相手だと気が楽になる。

「トライアスロンもやってるから水泳も練習しないといけないんだよ。五月になったら湖で練習するんだよ」

「いくらなんでもイギリスの五月では寒すぎるでしょ？」

「まあ、寒いことは寒いよね」と平然としたものだ。もっともイギリスでいちいち寒さを気にしていたら、この国ではとても生きていけそうもない。

「イギリスでは学校にプールが整備されてるの？」

「いや、完備とまではいかないね。プールがあるのは一部だけだよ」と自分の地元のプールの設置の様子を説明し始める。プールが少ないこともあって、湖で泳いだりする人が多いらしいが、学校でも水泳の授業が十分行われていないことになると、イギリスには泳げない人が少なくないはずだ。

海に囲まれ世界の海を支配した海洋国家イギリスで、泳げない人が多いらしいのには驚く。

荘厳さの溢れるカンタベリー大聖堂

四月十日　カンタベリー
午前中はカンタベリー大聖堂の見物に出かける。古くから多くの巡礼者を集めた所だけあって、古色に彩られた荘重な建物はさすがに見事としかいいようがない。数々の歴史の舞台にもなった建物が過去を振り返りながら静かにたたずんでいるといった様子に魅せられる。

部屋に長身でスマートな四十代後半ぐらいの男性が入ってくる。

「日本から来たんだけどもどちらから?」

「イズリントンからだよ。ロンドンのすぐそばの町だよ」

「日本人て、自然を愛する、文化的な人たちだね。俳句に関心を持ってるんだよ」このスティーブという男性、こちらが日本人ということを知るとさっそく日本のことを誉め始める。

「どんな趣味持ってるの?」

「詩を読むのが好きだね。俳句もね。それに音楽も大好きだよ」

好きな音楽を尋ねるとクラシックからラップに至るまでジャンルを問わずやたらに詳しいのに驚かされる。いかにも繊細で優しそうな人物だ。

「イギリスでお気に入りの場所はどこなの?」

「やっぱりカンタベリーだね。教会見物が好きで前にもここに来たことがあるんだけど、こちらの人たちはやたらに優しいよ」

カンタベリーは昔から巡礼地として人々の信仰を集めてきた所だけあって、信仰心の篤い人々が大勢移り住んだりしているためなのかもしれない。

ベッドで休んでいると外出から戻ったスティーブがいかにもうれしそうな表情で話しかけてくる。

「今日はね、いいことがあったんだよ。さっき古本屋でね。ウィリアム・ブレークの詩集を一・五ポンドで買えたんだよ」と大事そうにその本を見せる。ささやかな買い物に満足気だ。喜びの溢れたその表情からは男性は日頃、いかにもつつましく暮らしている人らしい。

「ところで、どんな仕事をしてるの？」と尋ねると答えが戻ってこない。その様子からするとどうやら無職らしい。

なんだか、やたらに繊細で優しすぎて厳しい世の中を渡っていくのが不得手で、満たされない心を癒すためにいつも旅をしているという印象の人だ。

「イギリスも最近は物価が高くなってきて、この十年くらいの間にも貧富の格差が広がってきてね。それに中国人とか外国の金持ちの移住者が増えてきてるよ。外国人の労働者も多くなってきているけど、連中は安い給料で働かされているからなかなか仕事が長続きしなくて、入れ替わりが激しいんだよ」

「六月にはEUからの離脱を決める国民投票があるけど、どう思ってる？」

「難しすぎてよくわからんね。でも首相のキャメロンはどうしようもない政治家だよ」と怒りを見せる。一般庶民は税金や物価の高さにかなりの不満を持っているらしい。ヨーロッパ諸国では付加価値税が二〇パーセント台の国が多いので、必ずしもイギリスだけ税金が高いというわけではないが、外国からの投資の増加や外国人労働者の流入などで庶民層にそのしわ寄せがきているのかもしれない。

第三章　**南岸を走る**

四月十一日　フォークストーン　当日：五六キロ　累計：二六五キロ

今日はドーバーを回って、西の海沿いの町フォークストーンに向かう。少し遠回りになるルートなので、気になるのはやはり天候だ。

朝八時過ぎにユースを出発。スティーブの姿が見えなかったので挨拶しないままの出発となってしまった。旅では何気ない会話をかわしただけなのにいつまでも記憶に残る人に出会うことがあるが、温厚で優しい人柄のスティーブもそんな人だ。走り出して、挨拶もしないままだったことを後悔。

Ａ２は車線も交通量も多いので、小さな道路に移動する。林や牧草地の広がる丘を眺めながら起伏の大きな道を進み、ブリッジ、キングストン、バーハムなどの農村を通り過ぎる。

疲れが相変わらずひどい。二〇キロも走らないうちに疲労が激しくなり、走るのがつらくなる。日本を出発する前に旅の準備におおわらわだったこともあって、疲れがたまっている上に時差ぼけも加わって、いまだに体調が良くないようだ。

しかし、あまりにも普段の体の調子とは違うのでよくよく考えてみるとどうやら道路の起伏が大きいことに思い当たる。旅に出る前、イギリス旅行から帰ったばかりのイギリス好きの知人から「イギリスは山が少ないから自転車だったら気楽な旅ができるね」と言われてその気になっていたのだが、これはとんでもない勘違いだった。なるほど山は少ないが、その代わりに丘だらけ。当たり前のことだが坂道が多くなる。おまけに雨が多くて、寒さがきつい。そんなこともあって、これからの旅のことを考えると気が重くなるばかり。

海沿いの荒野を通る自転車道

しばらく走るうちにドーバーから一〇キロほども西にそれていることに気づく。仕方なくＡ２０を走り出すと四車線の道路は高速で飛ばす車で溢れて危険この上ない。身がすくむような思いをしながらしばらく走るが、どうにも耐えられなくなって、ほうほうの体で道路から抜け出す。

ドーバーに行くのをあきらめ、フォークストーンに行きかけているとドーバー方面に向かう自転車道があるのを見つける。黄色の花をつけた濃い緑の灌木が生い茂る荒れ野の中の道だ。安全そうな道なので気が変わって、ドーバーに向かうことにする。

しばらく走って、なんとかドーバーの町に着く。港町らしく、どこか開放感のある町だ。町の中を海岸沿いに進み、海に向かってそそり立つドーバーの断崖ホワイトクリフを見物。この辺りから西のイーストボーンにかけては海に浸食された石灰質の断崖がそそり立つ姿で有名だが、さすがに見事。見物の後、フォークストーンに向かって、もと来た道を戻っていると重装備の自転車に乗った中年のサイクリストと出会って、立ち話。「フランス、ベルギーを自転車で回って、フェリーで帰ってきたばかりなんだよ。ドーバーで女房が待っててくれてね」こちらの気候の予想外の厳しさに辟易していることもあって、この時期に長距離の自転車旅行から戻ってきただけでもたいしたものだと感心。

今までの旅行ではあちこちで自転車旅行をしている連中を見かけたものだが、イギリスではまったく見かけない。自転車旅行には少し時期が早いということもあるが、イギリスは気候や地形が厳しく自転車の長旅には向いていないためらしい。

フォークストーンまで二〇キロほどとなった辺りで雨が降り出す。フォークストーンは山に囲まれた谷間にへばりつくようにして海に面している町なので町に近づくにつれて、上りがきつくなる。最後のひと踏ん張りで必死になって走っているうちに一時止んでいた雨がまた降り始め、フォークストーンに着いた頃には大雨となってしまう。

宿を予約してなかったので泊まる所を探さなければならないのだが、夕方になっているし土砂降りなので焦る。

雨宿りを繰り返しながら、メモしていたホテルを探し回るが、見つからない。

「この坂の上のザ・リーズという高台にホテルが並んでいるから、そこに行ったら」と教えられ、息を切らせて自転車を押して急な坂道を上り、高台に向かう。ところが、そこのホテルの並びには目当てにしていたホテルが見つからない。

雨宿りをしながら途方に暮れているとそばに三人連れの若者が目に留まったので、ホテルの場所を尋ねる。

「たしか、そのホテルは海岸の通りにあったはずだよ」と言われて、せっかく上ってきた坂道を下る。

大雨が降りしきる中、びしょ濡れになって海岸沿いの通りに向かい、目指す安ホテルを探すが、それらしい建物が見当たらない。精も根も尽き果てて、行く場所も見つけられないまま、自転車を押しながら海に向かって建っている大きなホテルの前にたどり着く。建物の前には大型の観光バスが並び、観光客で溢れている。探しているのは安ホテルなので、一等地のこの辺りにはあるはずがないと思いながらホテルの場所を教えてもらうつもりでそばにいたホテルの従業員にメモを見せる。

「ここだよ」と従業員が目の前のホテルを指さす。半ばもうどうにでもなれといった気分になっていたこともあって、一瞬信じられずに何度も聞き返すとここが探していたホテルだ。あわててホテルに飛び込むとロビーはツアー客たちで溢れている。焦りながら宿泊を申し込むと空室があったので飛び上がりたくなるような気分。おまけに宿泊料が二三ポンド。少し古いが大きなホテルにしてはとんでもなく安いのにびっくり。

今夜の宿がうまく見つけられるかずっと不安だったこともあって、部屋に入ったとたん胸をなでおろす。窓の外を眺めると鉛色の空と海を背にした小さな船溜まりが、寒々としていてなんとも寂しげだ。自分の気分をそのまま反映したような風景なので見つめているとさらに気が滅入ってくる。疲れ切った体をしばらく休めた後、雨上がりの町を散策。

雨に洗われた町を歩くと冷気が体にしみる。あいにく今日はこの町の祝日に当たっていてどの店も閉まっている。濡れそぼった建物の群れが夜の闇に溶け込み始め、人影のない暗い街角のあちこちでカモメの甲高い鳴き声が響き渡り、寂しさをつのらせる。なんとか開いているスーパーを見つけて、サンドイッチ二個、ヨーグルトを買って、ホテルに戻ってわびしい夕食となる。連日雨にたたられて厳しい旅になってしまったので、漏れてくるのはため息ばかり。

四月十二日　ヘイスティングス　当日：六二キロ　累計：三二七キロ

今日の目的地は西の港町のイーストボーンだ。明け方まで雨が降って道路のあちこちには水たまりができているが、空が少し明るくなってきたので天気はなんとか持ちそうだ。Ａ２５９でハイス、ニューロムニー、ブルックランド、ライなどの町を通る。どの町も海に近いこともあって、いたる所でカモメの鳴き声が響き渡る。海沿いの通りには、ホテルや別荘が立ち並んでいかにも保養地らしい雰囲気に包まれている。陰鬱な気候が長いイギリスでは冬が終わると陽光を浴びながら海沿いの町で過ごすのが大きなレジャーになっているらしい。

昨日までと違って、道が平坦なので気持ちを軽くしながら進みつづけていると、やはり甘くはなかった。フェアライトの辺りから起伏が激しくなり、自転車を押しながら歩いて丘を上ることが多くなり、もうヘトヘト。休憩を繰り返しながら、やっとのことで丘を越えてヘイスティングスに到着。今日はイーストボーンまで行くことにしていたが、疲れがひどいので、ここで宿を探すことにする。

ヘイスティングスは、少し内陸に入った丘の辺りはノルマンディー公ギヨーム二世がイングランド王ハロルド二世と戦い、ノルマン王朝を開くことになったゆかりの土地ということもあって、イギリスでも有名な町だ。

海沿いの道をひたすら西に進む

海岸沿いに小さなホテルが立ち並んでいる辺りで、ネットで調べていた安ホテルを見つける。料金を尋ねるとネットに表示されている料金よりもかなり高い。隣のホテルに行って、料金を尋ねるとここもネットで表示されている料金よりも高い。

「インターネットではもっと安い料金だったはずだけど」と不満を口にすると少しだけ安くしてくれる。こちらのホテルは料金が定額というわけではなくて、周辺のホテルの料金や空室の状況をインターネットでチェックしながら日々変更しているらしい。

予約していない宿に飛び込んだような時、ホテルのスタッフが客のなりを見てあからさまに値踏みしたり、料金を吹っかけたりしてくるような経験はたびたびしているが、これにはいつも嫌な気分にさせられる。

ネットに表示された料金よりも高いのも納得できないが、疲れ切っていたのであきらめて投宿。

ずっとみじめな旅をつづけてきたので、今日は雨に遭わなかっただけでも幸運だったと慰めるしかない。

四月十三日　ブライトン　当日：七二キロ　累計：三九九キロ

海岸沿いの道を進み、ベクスヒルを通り、ペバンゼイでイングリッシュ・ブレックファストの食事。道を尋ねると「海沿いの道路は車が多いからね。Ａ２７の方がいいよ」と言われて、内陸のＡ２７を走ることにする。イーストボーンの先にはセブン・シスターズと呼ばれている白亜の海岸があるので有名なのだが、残念ながら見物は断念するしかない。Ａ２７を走り始めるが、四車線の道路を猛スピードで走る車に縮み上がって、途中で道路を外れる。辺りを走り回って、自転車道を見つけて、ポールゲートの町まで走る。

この道はカッコートレイルという名の遊歩道になっていて、辺り一帯が自然の美しさに溢れ、まるで庭園の中を走っているような気分にさせてくれる。

今まで、イギリスの天候にはうんざりしてばかりだったのだが、いったん晴れ間がのぞくと雰囲気は一変する。澄み切った青空に立体感のある白い雲が輝きながら浮かび上がり、辺りの自然と調和して、もう芸術品だ。とにかく青空に白い雲が浮かぶ光景の鮮やかさは日本ではとても体験できない。

イギリスでもう一つ羨ましいものは緑の芝生の広がる大きな公園だ。リードを外された犬が飼い主の投げたボールに向かって走る光景を見かけるたびに心が癒される。イギリス人たちが犬を可愛がる様子を眺めると、この陰鬱な気候の国では犬が人々の心をなぐさめる大役を担っているらしい。

Ａ２７に戻り、海のそばのニューヘイブンに下り、ピースヘイブンを通過してブライトンに向かう。海沿いの遊歩道の右側は海岸にそそり立つ白亜の壁になっていて、それが町の中心まで延々とつづいている。

ブライトンに向かう海岸沿いには白亜の壁がつづく

ブライトンはロンドンから九〇キロほど南にある古くからのリゾート地だ。人気のある観光地だけあって、伸びやかな表情の観光客たちで溢れるレジャーランドのような雰囲気のする町だ。

ホテルの立ち並ぶ海岸沿いの通りを進み、一段と賑わいを見せる辺りに着くとさっそく宿探しだ。周りを見渡しているとメモしていた安宿があるのを見つける。料金を尋ねるとたったの９ポンド。驚くべき安さ。

同室には長髪、細身で一見すると女性にも見えかねない感じの日本人の若者Ｔ君がいた。日本人と久しぶりに話ができるので、気持ちが軽くなりさっそく会話となる。

「ワーキング・ホリデイの制度を利用してイギリスに二年滞在する

予定で、ちょうど一年目が終わったばかりなんです。ブライトンは以前にも来たことがあって、気に入っている町なんですよ」

「日本では仕事はなにやっていたの？」

「子供向けの英会話学校で教えていて、今はこちらの英語学校で勉強してるところなんです。でも、イギリスだからといって、まともな英語教師が教えてくれるとはかぎらないんですよ。学費の安い語学学校なんかは、ネイティブでない教師だらけですよ。メキシコ人の教師に英語の発音指導されたことがあるけど、いくらなんでもそりゃないですよね」と不満を口にする。

「英語ではもう不自由はしないんだね」

「相手が普通に話してくれれば困ることはないけど、それでも地方に行くと訛りがひどくて、聞き取りが大変なこともありますね」たしかに、こちらでは客相手の仕事をしているような人たちはともかく、きれいな英語を話す人が少ないという印象で、道を尋ねた時に戻ってくる言葉にはとまどうことばかりだ。

「イギリスは初めてなんだけど、寒くて雨が多いし、物価は高いしで、もううんざりだよ。イギリスで実際暮らしてみてどんな印象を持ってるの？」

「寒さには強いので気候の厳しさはとくに気にはなりませんね。でも、ロンドンの中心部、とくにビジネス街の辺りは人も冷たくて、人間関係もギスギスしてるという印象ですね。それにパブなどでは時々客たちが喧嘩してるのを見かけたりしますよ。こちらの人たちはとにかく、酒癖が悪いですね」

よほど嫌な体験をしたことがあるらしく、結構手厳しい。しかし、実際こちらで生活しているだけあって、よく観察しているという印象だ。

「あとは、食べ物がまずいことかな。イギリス人の友人に人生最後の日にはなにを食べたいのかと聞いたことがあるんですよ。その時その友人から「やっぱりイングリッシュ・ブレックファストだな」という言葉が戻ってきたときはさすがに驚きましたよ。いくらなんでもイングリッシュ・ブレックファストはないですよね」こちらも苦笑いするばかり。

「物価も高い国ですね。でも、いくら物価が高くても金持ちばかりが住んでるわけじゃないから、一般の人たちは結構つつましやかな生活をしているという印象ですね。

それに人が冷たいといっても、ロンドンの中心部に目立つというだけで、周辺部の人たちはやさしい人が多いですよ。カナダで生活した経験からだと、あちらの人たちは単刀直入な言い方をすることが多いけど、イギリス人の場合にはストレートな表現は避けて、遠まわしに言ったりする傾向が強いですね。少し日本人に似たところがあって、その点では好感を持ちましたね」と誉めることも忘れない。

T君はイギリスで暮らしているだけあって、表面的なきれいごとだけを眺めているわけではないので、彼の話には興味が尽きない。夜半過ぎまで語り合って過ごす。

四月十四日　ブライトン

T君が昼ロンドンに出発するまでの間、彼の案内でブライトンの中心部を散策する。青空が広がり、日の光が散乱する春らしい天気になって、いかにも行楽日和といった日だ。

二人で宿舎近くのブライトン・ピアに行く。海に向かって突き出ている細長い桟橋の上に小さな遊園地やカジノなどが並んでいる。まだ朝早いので観光客はまばらだが、メリーゴーラウンドなどの派手な色彩のアトラクションが並んでいて子供に戻ったような気分にさせてくれる。

カジノのスロットマシンは、専用のコインではなく、硬貨がそのまま使える。子供たちが硬貨を握りしめてその前で遊んでいる姿はいくらなんでも日本では考えられないので驚く。イギリスはなんともおおらかな国だ。

T君が周りを歩いている若者たちが着ている服を次から次へと指さす。それが皆こちらでは大人気のブランド、スーパードライだ。漢字やカナ文字を使ったデザインは日本人の目には奇妙にしか映らないのだが、こちらの人たちには新鮮な感じがしているらしい。商標権の関係で日本には輸入されてないこともあって日本ではなじみのないブランドだが、とにかくこちらでは若者たちに大流行りだ。そこでそばのスーパードライのショップを見物。

T君を見送った後は宿に戻って、体を休める。昼間は春の陽気に溢れていたのだが、夜になると肌寒くなる。

昨夜から咳き込んでいた同室の若い女性が、今夜も咳をしつづける。風邪がうつらないか気が気でない上に深夜になると今度は宿のすぐ近くで道路工事の音がし始める。咳と工事の音が気になって、なかなか寝つけない。

四月十五日　ハバント　当日：七三キロ　累計：四七二キロ

一晩中、咳と工事の音に悩まされ、ほとんど眠れないまま朝を迎えた。朝食もとらずに、朝早く出発。

一気にポーツマスまで行きたいのだが、距離がありすぎる上に経路が複雑すぎる。しばらく海沿いを走った後で少し内陸部に方向を変えて、ハバントに向かうことにする。

朝方まで雨だったらしく、道路のあちこちは水たまりだらけ。ワージングでイングリッシュ・ブレックファストの朝食。小雨が降り出し、そのうち本降りとなる。バス停を見つけては雨宿りを繰り返しながら進み、リトルハンプトンを通り、ボグナー・レジスにたどり着く。

安全を考えて小さな道を探すが、見つからない。チチェスターまで進み、道を尋ねるとＡ２７をすすめられる。Ａ２７は大きな道路なので走りたくないのだが、すすめられれば仕方がない。雨の中を嫌々ながら走り始めるが、この四車線の道路は日本の高速道路と同じように道路が完全に周囲から遮断されていて制限速度が時速70マイル、113キロになっているので、車がそばを通過するたびに恐怖に縮み上がる。

それでもなんとか我慢しながら走っていると、一段と雨が激しくなりついに土砂降りになってしまう。雨具兼用のパーカを着ているので上半身はなんとか雨を防いでいるが、無防備の下半身には雨が容赦なく叩きつけてきてジーンズはずぶ濡れ。やがてジーンズを伝った雨水が靴の中にも流れ込み始める。

すぐ隣を大型車が水煙を上げながら、猛スピードで通り抜けていくたびに身がすくむ。走っている路側帯の左端は雨水が流れ込んで半ば水没した状態だ。路面がすべりやすくなっているので、転倒しないか冷や冷やしながら進む。

前輪の先の路面を見つめ、横を通り過ぎる車に気を配り、速度を抑えながら慎重に進む。

目的地ハバントの出口にあと五マイルとなった。なんとか無事に出口までたどり着くことだけを考えながら進んでいると、後輪から突然ストーンと沈み込むような軽い衝撃が伝わってくる。やがて、それがゴトゴトという鈍くて硬い感触に変わる。

「パンクだ！　ああ、やってしまった！」急いで自転車を止めて、後輪を確認するとやはりパンクだ。

まさかこんな場所でしかも大雨の中でパンクするなど想像もしていなかったので、なかば呆然としながら、パンクした後輪を見つめる。どうしたらいいのか必死で頭を巡らすが、動転してしまって、起きたことを自分にわからせるのが精一杯。大雨の四車線道路では、辺りにパンクを修理するスペースもない。とりあえず修理できそうな場所を探してこのまま進むしかない。気分が落ち着くのを待って、ゆっくりと走り始めるが、しばらくするとチューブから空気が抜けてしまい、タイヤを支えている金属製のリムが路面と接触するゴトゴトした感触が伝わり始める。さすがにこれはまずいと自転車から降りて、押しながら歩くことにする。ところが、歩き始めてしばらくすると今度はチューブがタイヤから飛び出して車輪にからまってしまう。

「これで旅も終わりになるかもしれない」という思いが一瞬頭をよぎる。もうこうなったらチューブをタイヤに押し込みながら、だましだましゆっくり自転車を押して歩くしかない。

サービスエリアの表示が目に飛び込んでくる。とりあえず、そこまで自転車を押しながら進むしかない。雨に濡れ汗みどろになりながら、歩きつづけるが、歩いても歩いてもサービスエリアは遠い。延々と自転車を押して歩きつづけ、やっとのことでガソリンスタンドに着く。さっそくガソリンスタンドでバケツを借りて、水を満たす。チューブを水に潜らせてパンクの箇所を確認するためだ。

空気入れを持参してなかったのでスタンドに設置してある有料の空気入れの装置で空気を入れることにして、コインを入れ、チューブに空気を入れようとするがこの装置を使うのが初めてなのでうまくいかない。チューブのバルブとの接触がうまくいかない。しばらく悪戦苦闘しているうちにバルブが曲がってしまう。普段使い慣れてないタイプのバルブだったので壊してしまったのだ。予備のチューブも持ってないので、こうなったら自転車店で新しいチューブに交換してもらうしかない。

ずぶ濡れになって、恐怖の四車線を走らされ、パンクまでしてしまう。もう「泣きっ面に蜂」だ。起きてしまったことは仕方がないとはいえ、あまりのみじめさに泣きたくなってしまう。

ハバントの出口まであと四マイルを残すばかり。とりあえず、このまま出口まで自転車を押して歩くしかない。

自転車を押しながら、歩きつづける。しかし、進めども進めども出口に着かない。雨が小降りになってきたことだけが唯一の救いだ。歩き疲れた頃、やっと道路の出口に近づく。出口から道路の外側に出ると長い時間張り詰めていた緊張から解放されて安堵の胸をなでおろした。

Ａ２７は抜けたものの、今度は予約しているホテルまで自転車を押しながら歩かなければならない。しかし、どれくらいの距離があるのか見当もつかない。辺りは郊外らしく閑散として人影がないので道を尋ねようにも人がいない。とりあえず覚悟を決めて歩き出す。するとこちらに歩いてくる若い女性の姿が目に入る。さっそく、ホテルの場所を尋ねる。

「ホテルはこの近くですよ」という言葉が女性の口から飛び出す。女性がホテルの名前と場所を知っていたので思わず飛び上がりたくなるような気分になる。元気を取り戻しながら、しばらく歩いて小さな町に入る。そばを歩いていた中年の夫婦連れにホテルの場所を尋ねるとホテルの近くまで案内してくれる。

「この町には、自転車店はありますか?」

「たしか以前はこの先に一軒あったけどね」イギリスは日本と違って、自転車店があちこちにあるわけではないので少し心配になってくる。

「どこから来たの?」

「日本から自転車旅行でやってきたんですが、イギリスの天候にはほとほとまいってしまいましたよ」さんざんな経験をしたばかりなのでつい愚痴が出てしまう。

「そうだろね。今日なんか、スコットランドやカンブリアでは雪が降ったからね」と男性。

「自転車旅行できるなんてあなたは壮健な人だね」と女性が感心した様子で語りかけてくる。

「でも、いくら走っても肥満だけはどうにもならないんですよ」と言うと二人は笑いながら見送ってくれる。

目指すホテルに着くとさっそくフロントで宿泊の手続き。なんだかやたらに怖そうな顔の肥った中年の女性だ。

「夜は自転車はどこに置いたらいいの？」

「あそこだよ」女性は無愛想そのものの表情で建物の外を指さすが、盗難が心配なので、建物の外には置きたくない。

「自転車置き場はないの？」

「あっちだよ！」もう面倒くさいねといった表情になって、吐き捨てるような言い方をする。イギリスでは、愛嬌などみじんも感じさせない店員は珍しくもないが、これは大物だ。

「この近くに自転車店はあるの？　自転車がパンクしたので修理したいんだけど」とおどおどしながら尋ねる。

「この近くにあるよ。まだやってるはずだけど」相変わらず愛想のかけらもない顔つきだが、インターネットで店の閉店時間を調べてくれた。

「そこは午後八時まで開いているよ」急げばなんとか間に合いそうなので、チェックインの手続きだけをそそくさと済ませ、荷物を積んだままの自転車を押してその店に向かう。

ハルフォーズという大きなショッピングモールの中の自転車店だ。閉店まであと一時間しかない。焦りながら店員に頼み込んでなんとか急いで修理してもらう。店員はタイヤの内側を丁寧に触りながらパンクした箇所を調べ始めるが、なかなか見つからない。その後、タイヤの外側を調べるとタイヤの側面が大きく損傷しているのがわかる。先日、段差を乗り越えようとして転倒した時にチューブが傷んでしまったことがパンクの原因らしい。さっそく、その場でタイヤとチューブを交換してもらって修理は完了。ついでにブレーキ部品の交換も頼むが、閉店時間となったので明日やってもらうことにする。

修理が終わって、大型スーパーで食料品の購入を済ませ、レジで女性店員に札を渡すと「ウエット！」と顔をしかめながら札を上にかざして透かしを確認される。長袖シャツの胸ポケットに紙幣を入れていたので雨で濡れてしまったのだ。

ホテルに戻り、疲れ切った体をベッドに横たえる。そのうち部屋に暖房が入ったので、暖かくなり始めたセントラルヒーティングのラジエーターの上にさっそく濡れたジーンズを載せる。裾の方は泥だらけだが、洗う時間もないのでそのまま乾かすしかない。

今日のトラブルにどうなることかと動転してしまったが、雨になっても気温があまり下がらなかった上にハバントの出口を出てからはすぐにホテルが見つかったりして、なんとか順調にことが運んで、命拾いしたという気分だ。しかし、連日のようにトラブルに見舞われて気分が落ち込んでしまい、身も心も疲れ果て、ぐったりしてベッドで休むだけだ。

四月十六日　サウサンプトン　当日：四五キロ　累計：五一七キロ

昨日走ったA27はポーツマスの港が近いためか、交通量の多さではイギリス有数の道路だったらしい。とにかく、昨日の体験が完全にトラウマになってしまい、四車線の道路だけは走る気になれない。

午前九時の開店を待って、昨日の自転車店でブレーキ部品を交換してもらって出発。今日の目的地サウサンプトンに向かって西に進む。ベッドハンプトン辺りで中年の男性に道を尋ねる。男性はしばらくこちらの顔をじっと見つめた後「日本人ですか？」と日本語が飛び出したのにびっくり。

「日本語話せるの？」

「会社の仕事で富山に一年半ほど住んでいたことがあるんでね」

「富山は雪が多いから大変だったでしょうね？」

「いや、そんなことはなかったよ。もともと雪が好きでね。毎日雪

日本語が男性の口から出た時はさすがにびっくり

を眺めて暮らせるのが楽しみで、雪かきも苦にならなかったよ。この辺りは雪が降るのは五年に一度くらいだからね」と富山の生活を懐かしそうに語る。

「日本語もひらかな、カタカナは読み書きができるよ。でも、この辺りではなかなか日本語を話す機会がなくてね」と残念そうな表情。

「とにかく日本の食事は美味しかったね。マグロの刺身やカツカレー、エビフライが大好物でね」料理を思い浮かべながら食べたくてしかたがないといった表情で話す。

「その程度の料理だったら、こちらでも食べられるでしょ?」

「ポーツマスにも日本料理店はあるけど、中国人がやってる店だからね、まともな日本料理は食べられないよ。マグロなんかもこちらでも一応入手できるけど、日本のとはまったく別物だね。まともな日本食はこちらでは無理だね」と強く首を振る。食べ物への思い入れの強さを考えると、イギリス人にしては舌が肥えている人らしい。


B2177で内陸の少し高台になっている辺りを走っていると、複雑な入り江に囲まれたポーツマス港が眼下一面に広がる。昨日と違って、小さな道路なので車が少なくて、走るのも気が楽だ。しかし、小雨がぱらつき、時々、霰が混じるほどの寒さ。バス停で雨宿りを繰り返しながら進む。

大砲が設置された施設の前を通りかかる。フォートネルソンの大砲の博物館だ。見学は無料ということもあって、休憩がてら見物をすることにして、さっそく入館。ここは王室武器庫に属している施設のひとつで大砲などが展示されている。立派な施設の内部には昔のトルコ軍などの年代物の大砲の他に近代戦用の砲が展示されている。ビルマ戦で接収されたらしい日本軍の九四式速射砲も並べられていて、小型ながら高性能との注釈。一通り展示品の見学が終わって、外を眺めると敷地の中にも大砲がずらりと並べてある。日曜日などには実際に大砲を鳴らしたりするイベントがあるらしいが、残念ながら今日は遠くから眺めるだけだ。

イギリスでは博物館や美術館は無料が原則だが、こういった文化面への力の入れ具合を見ているとイギリスはやはり文化を尊重する豊かな国と感心した。

フェアラム、ティッチフィールドを通って目的地サウサンプトンに着く。タイタニック号が出港した所としても知られるイギリスで最も古い貿易港で、現在でも大きな港をかかえる活気のある町だ。予約した宿を探すが、サウサンプトンの町は呆れるほどの広さ。あっちに行ったり、こっちに来たりを繰り返し、やっとのことで宿を見つけて投宿。

今朝、日本からのメールで知らされていた熊本の地震の様子が気になっていたので、さっそくザックからパソコンを取り出して電源につなごうとして思わずハッとする。変換プラグがない。今朝、ホテルでパソコンを使った時、コンセントに差し込んだ変換プラグを抜き忘れてしまったのだ。

持参してきたカメラやパソコンは日本向けの仕様なので、海外でＡＣ電源を使ったりする場合には特別なプラグが必要になる。このままではパソコンもカメラも充電できないので一瞬蒼ざめる。

なんとか変換プラグを入手しなければならない。ホテルの女主人から電器店の場所を聞き出して、さっそく町の中心まで歩き、店を探し回る。

大型のスーパーで変換プラグを見つけるが、その形状からして日本の電器製品向けのものではないらしいので買うのはあきらめる。その代わり、充電器が役に立ちそうなので、さっそく購入。ホテルに戻って、充電器を試してみるとパソコンにはなんとか使えそうだが、カメラには対応できない。やはり変換プラグが必要なことがわかる。

こうなったら他の町で探すしかない。しかし、日本の電器製品用の変換プラグがイギリスの田舎の町ではたして入手できるものなのか、考え出すと不安になってくる。

雨と寒さ、坂道に苦しみ、四車線の道路でパンクして、一時はこれで旅も終わりかと観念したもののなんとか窮地を脱して安堵の胸をなでおろしたばかりだ。しかし、またもや変換プラグを置き忘れるという大失態。立て続けに災難に見舞われ、もううんざり。予期しない出来事が次々と起きてしまうので暗澹たる気分に襲われ、旅にやってきたことを後悔する始末。

第四章　坂道に苦しみながら

四月十七日　チョールダートン　当日：五二キロ　累計：五六九キロ

今朝も寒い。寒いのは道理で気温は零下一度だ。それでも、久しぶりに晴れ間がのぞいたので気持ちが軽くなる。今日は海岸部からいよいよ内陸の北の方へ進むことになる。今日の目的地チョールダートンはソールズベリーの近くのユースがある所だが、かなり辺鄙な場所になるらしい。

Ａ３０５７でとりあえずロムジーに向かって北に進む。

Ｂ３０８４で林に囲まれた道路を進むと、その先には牧場や農地が広がり、まるで箱庭のような風景がつづく。車が少なくて周りは緑に囲まれているので、短い距離をサイクリングするには絶好のロケーションだ。しかし、道路の起伏が大きく、しかもそれが延々とつづくので長距離を走るにはつらすぎる。民家がないので道を尋ねようにも人影がない。

ブロートンの辺りで、道路の脇に立って子供の自転車大会の道案内をしていた老年の男性を見つけて道を尋ねる。

「サイロなどの農業機械の輸出のために年に四回も日本に行ったことがあるよ」とのことで、しばらく立ち話。

チョールダートンに近づいた辺りで、林の中の一軒家で道を尋ねる。相手をしてくれたのは田舎でつつましく暮らしている、いかにも優しそうな感じのカップルだ。

「この辺りは自転車にはきつい所だね」と応対してくれた若い二人にまず愚痴が出てしまう。イギリスからアイルランドを通ってロンドンに戻ってくるルートを説明すると「この辺りは丘が多いからね。アイルランドも緑がいっぱいでいい所だよ。でも、ここと同じでやっぱり丘が多いよ」の言葉にがっかり。今回の旅は、どこに行っても丘ばかり。丘から逃げ出せないので、もううんざり。

チョールダートンに着く。ユースを探しながら村の中を何度も行ったり来たりを繰り返すが、いくら走り回ってもユースが見つからない。道を尋ねようにも民家もまばらで人影がないので途方に暮れるばかり。おまけに坂道だらけで起伏が激しいので自転車を押しながら歩くだけで、もうヘトヘト。

やっと人を見つけて、道を教えてもらってユースにたどり着く。今日は車が少なかったこともあって気が楽だったが、その代わりどこに行っても坂道だらけで疲労困憊。雨に遇わなかっただけでも幸運だったと気を取り直すしかない。

ユースの隣は観光客を相手にした広々とした農場になっているので、素晴らしい環境だ。しかし、買い物をしようにも店は五マイルも先、食事も一マイル先のパブしかない。まるで陸の孤島だ。

疲れていることもあって、起伏の多い道を走って食事に出かける気にもなれない。ユースの担当者が夕食を作ってくれるとのことなので夜はここで食事することにする。

明日見学するストーンヘンジは、ユースから西に一〇キロほど離れた丘陵地にあるのだが、問題は四車線の道路沿いにあることだ。一昨日の体験がトラウマになっていて、四車線の道路を自転車で走る気にはとてもなれない。どうやってそこまで行こうかと思案しながらラウンジでオーストラリア人の母子と雑談しているうちに明日の午後タクシーに分乗して、一緒にストーンヘンジに行くことになる。

夜、ラウンジで隣にいた若い男性二人と会話をかわす。大工をやっているイギリス人たちだ。

「以前、韓国で二年間英語教師をやっていたことがあってね。その時、日本も何度か訪れたけど、日本は最高だね」と一人が話す。

「とにかく日本の寿司は最高だったよ」よほど寿司が好物らしく、その話を繰り返す。イギリスは海に囲まれて近くに好漁場があるのだが、意外なことにこちらでは魚介類はかなり高価だ。それにどういうわけか、こちらは魚料理があまり発達してなくて、魚の料理といえば、フィッシュアンドチップスくらいしか思い浮かばない。なぜ他の料理法が生まれなかったのか、不思議としか思えない。

そもそも、こちらには魚料理に適した包丁を見かけないし、あったとしても手先が器用には見えない人たちなのでうまく使いこなせるとも思えない。おまけに味付けが発達していない。レストランなどではテーブルに置いてある塩や酢などで自分の好みの味付けをして食べるのが当たり前になっていて、日本料理のようにダシをつかって下ごしらえする習慣がないこともあって、旨い料理は期待できそうにもない。

全体的に大雑把な感じのイギリスの料理に慣れた人たちには、ていねいな包丁さばきと繊細に味付けされた寿司などは、驚きそのものに感じられるはずだ。

これだけ料理法が貧しいということは、過酷な風土が食のぜいたくを許さない伝統みたいなものがあるとしか思えない。もっとも舌が肥えてないということは粗食にも耐えられるということにもなる。このことがイギリスの海外雄飛の下地になったという意味では、食へのこだわりのなさはある種の才能といってもいいのかもしれない。

同室の中年のイギリス人も大工をやっている男性だ。

「もとは学校で木工を教えていたんだけど、教師の仕事はストレスが多すぎてほとほと嫌になってね。今は建築の仕事に鞍替えしたよ。ストレスのおかげでほらこんな頭になってしまってね」と禿かかった頭をなでながらこぼす。教師の仕事はどこの国でもストレスがたまるものらしい。

「仕事がら日本製の電動工具を使ったりしてるけど、とにかく日本製の工具類は品質がすごいよ」

日頃、仕事で親しんでいる日本製の工具類を通して日本に関心を持っているらしく「日本のことに興味があるから、いつか日本に行ってみたいな」と語る。

四月十八日　チョールダートン

近頃、どういうわけか木工関係の仕事をしている人たちとの出会いが多い。今日も同室にポルトガル人の中年の大工が一人。

ヨーロッパ各地を回って、城などの文化財の木造りの部分の補修をやっている男性だ。

「仕事で使う工具類は日本製のものが多いよ。とにかく品質は最高だね」とハンマーからノコギリ、あれこれ日本製の工具を誉め始める。木工関係の仕事をしている人たちが口をそろえて工具を誉める様子からすると、日本製の工具は質の高さで定評があるらしい。

ストーンヘンジを背に一緒に見学したオーストラリア人親子

昼、隣の動物農場を歩いて回る。広々とした敷地には、林もあって、あちこちに馬、ポニー、羊、豚、鶏、ウサギなどの動物が飼われていて、丸太で造られたジャングルジムなどの子供の遊び場も整備されている。歩き回りながら動物たちを眺めては旅の疲れを癒す。
その後はオーストラリア人親子とタクシーの相乗りでストーンヘンジへ向かう。なだらかに広がる丘を突っ切るように四車線の道路を進むとやがてストーンヘンジのビジターセンターに着く。受付を済ませた後、そこからバスでしばらく進むとやがて草原の中に円陣状に並べられた巨石の群れが現れる。その周りの遊歩道を歩きながら巨石群を見物。
草に覆われた丘陵地はさえぎるものがないので冷たい風が吹きまくって、震え上がる。ブリテン島にはアングロサクソンが到来する前はもともとケルト人が住んでいたのだが、ストーンヘンジはそのケルト人が現れる前の紀元前二、三千年ほどの先史時代に造られた聖地だったこともあって、辺りは神秘的な雰囲気に包まれている。

復元された当時の住まいを眺めているうちに、過酷な生存環境の下で短い命を終えた人たちの生活ぶりが想像されて厳粛な気持ちになってくる。

ユースに戻った後は、動物農場を散策しながら動物たちを眺めて過ごす。もっと滞在したいのだが、先を急ぐのでそうもいかないのが残念。

いよいよ明日はバースに向かう。かなりの距離になるので部屋に戻って地図を見ながら経路の検討をして過ごす。その日の目的地は、走行距離を考えながら地図やインターネットを使っておおまかな経路を決め、安宿のある町を選ぶ。できるだけ車の少なそうな道を探すのも大事な作業だ。

しかし、途中で道に迷ったり、予定の経路から外れてしまうこともたびたびなので、あらかじめその日走る距離をつかむのは難しい。道路の起伏が大きい場合には疲労が大きくなって長い距離は走れないし、天候によっても走れる距離は左右される。うまく目的地までたどり着けるかは、とにかく実際に走ってみなければわからない。

四月十九日　バース　当日：八一キロ　累計：六五〇キロ

朝八時過ぎに出発。今日の目的地バースは北西に八〇キロほどの所になる。これまでは少しずつ、西に向かっていたのだが、バースからはいよいよ北に進むことになる。今日は長距離を走るので緊張で神経が張り詰めているようだ。夕方までに確実に目的地にたどり着ける自信がないので、ホテルの予約はしないままの出発となる。途中でへたばってしまったら、そこで宿を探すことにする。

ユースの近くに四車線の道路があるのだが、これは怖くて走る気になれない。この道路を避け、小さな道を探すが見つからない。

それでもなんとか道を見つけてエイムズベリー辺りを走っているうちに民家も見かけなくなり、どこを走っているのかわからなくなる。とりあえず北西方向に進んでいるとやがて周りは広大な軍の施設が現れる。地図ではこの辺り一帯が白紙になっていたので不思議に思っていたのだが、重要な軍の施設が集中しているので詳しい情報が公開されていないためらしい。見かける車は軍関係のものが目立ち、「戦車に注意」のような標識が多くなる。

基地のそばを通り過ぎると周りには原野が広がる見晴らしのいい辺りに出る。道を尋ねようにも人家もなければ人影もない。道端で休んでいるとやっと一人の女性サイクリストが通りかかったので、さっそく道を尋ねる。ソールズベリーに住んでいる人だ。

「ここからブラッドフォードまで行けば、そこからバースまで自転車道があるからね」人影のない荒野の中で少し不安になっていたこともあって少し気分が落ち着く。

進み始めるが、道路の起伏が大きく疲れがひどくなる。

B３０９８で西に向かって進むが、相変わらず疲労が激しい。もうクタクタ。自転車を止めて休憩しようとしても足元がふらついて、まともに歩けなくなる。それでも休憩を繰り返しながら進みつづけ、ようやくブラッドフォードにたどり着く。

ここからは自転車道を走ればいいので、息を吹き返したような気分になって自転車道を探す。ところがいくら探し回っても見つからない。自転車道と一般道では同じ走るにしても体力的にも精神的にも疲労感が大きく違うので、がっかり。仕方なく車の多い一般道を走って、夕方、疲労困憊の状態でバースに到着。

今日は宿の予約をしていなかったので、消耗し切った体で安宿を探す。今までの旅行でさんざん経験させられたが、目的地に着いて安宿が見つからない時ほどつらいことはない。不安にかられながら、あらかじめ調べておいた安宿に飛び込むと幸いに部屋が確保できたので安堵の胸をなでおろす。

同室に話好きのオーストラリア人男性がいる。

「日本はスキー旅行で何度も行ったことがあるよ。ニセコや白馬は素晴らしいね。ラーメンが大好物でね。なにせオーストラリアでも地元のラーメン店に通うほどのラーメン好きだからね」顔を合わせるたびに話しかけてきて、日本がよほど気に入っているらしい。

大阪から来た三十代の歯科医師もいる。

「日本の方が同室にいてくれたので安心しましたよ」と言われるが、こちらも同じ気分だ。海外を旅していて、同じ宿に日本人がいると日本語で気楽に会話したり、相談できたりするので気分的にずっと楽になる。しばらくこの先生に日本の最新のニュースを教えてもらった後で、二人で辺りを散策することになる。

外に出たとたん「寒い！」という言葉が二人の口から漏れる。

背を丸めて歩きながら近くの店をのぞいて回る。変換プラグが気になっていたので先生にも付き合ってもらってスーパーに入る。そこで変換プラグを見つけるが、形状が少し違っていて、日本製の電器製品にはぴったりというわけでもなさそうだ。商品の説明書には「英国での使用向け」の表示があるだけで、そもそもどこの国の電器製品を英国で使用するためのプラグなのか、肝心の部分が記載されてない。店員に尋ねてみるが、店員も困惑するばかり。先生も「これでいいのかちょっとわからないな」と首をかしげるだけなので結局購入はあきらめて、明日あらためて大手の家電量販店に行くことにする。

しかし、万一、変換プラグが見つからないことになると、パソコンも使えないし、カメラのバッテリーも充電できない。このままでは旅も中途で切り上げる事態にもなりかねない。まさか変換プラグ一個に振り回されるとは考えてもいなかったので、気が重くなるばかり。

四月二十日　バース
出発する先生を駅で見送った後、四キロ先の家電量販店まで歩く。
店に入ってカウンターの中にいた男性店員に「変換プラグを探してるんだけど」と声をかけると「今、仕事中だ！　邪魔をするな！」と怒鳴りつけられる。そばのレジの前に並んでいた客たちがいっせいに振り返るほどの大声。気配りした接客が当たり前の日本の店員とは大違いなので、びっくり。

店内を探し回って、変換プラグを見つけるが、昨日大型スーパーで見つけたものと同じタイプで、やはり説明書にはどこの国の製品に使用するのかが記載されてない。店員に尋ねてみるが、素人同様なのであきらめるしかない。

実際に使えるかどうか試してみることにして、とりあえず購入して宿に戻る。

部屋で調べるとやはり日本製品用の仕様ではないことがわかる。それでも手持ちのガムテープを使って工夫してみると、なんとか使えそうなので胸をなでおろす。

しかし、ヨーロッパのサービスが低いのは十分承知しているつもりだったのだが、今回の店員の対応にはつくづく嫌な気分にさせられた。

四月二十一日　バース

この宿で働いているカルロはやたらに気さくで、顔を合わせるたびに話しかけてくる。ポーランドから出稼ぎに来ている、訛りの強い英語を話す男だ。イギリスで働き始めてからまだ三週間ほどらしいが、宿泊客との対応なども一応様になっているのに感心。

カルロは毎日ドアをノックするなり、部屋に入ってきて、部屋の隅の大型の扇風機を部屋の真ん中まで運び、いちいちスイッチを入れて動くのを確認するのが日課だ。

外に出れば身がすくむほどの寒さなのに扇風機どころじゃないだろと言いたくなるが、あくまでもそれは表向きの話だ。この宿は男女が同じ部屋に混在するドーミトリー形式になっているので、部屋の風紀が乱れていないかチェックして回っているらしい。

町を散策する。ローマ帝国の支配下にあった時代は温泉町として栄えたバースもローマが撤退した後はいったんさびれていたのだが、近世になって温泉の効用が知られるようになって復活してきた町だ。通りには観光客が溢れてにぎわっている様子をみると、よほど人気のある所らしい。

朝は宿のコーヒー、トーストにハム、チーズのありきたりの朝食。昼と夜は栄養面を考えて、まともな食事をしたいのだが、食事が口に合わないこともあって、なにを食べるかでいつも苦労する。今日も中華のテイクアウトを持ち帰り、宿に戻っての食事となる。

四月二十二日　バース
このところ天気が芳しくなくて、肌寒い日がつづく。今日は雨の予報が出ていたので、一日出発を延期する。

外に出ると冷たい雨が降っていて、日本の真冬の気候だ。あまり町を出歩く気になれず、終日地図を見ながらルートの検討をして過ごす。

同室にクロアチア人の青年がいる。

「仕事はなにやってるの?」

「インターネットを使ってパワーリフティングなどのインストラクターの仕事をやっているんだよ」

インターネットを使えばそんなビジネスも成り立つものらしい。インターネットを使いながら旅をするのは今回が初めてというくらいのネット音痴なので、ネットの普及ぶりには驚かされる。

「大阪、京都などにも三か月ほど滞在したことがあるよ」とのことで日本が好きな青年だ。ＥＵの話を聞いてみると、ＥＵ諸国間では移住が自由化されていることもあって、クロアチアでもドイツなどに移住する若者が多いらしい。

このホステルでは清掃担当はミャンマー人の女性、フロントにはポーランド人のカルロ。ラウンジで「日本人ですか？」と日本語で話しかけてきた中年のクルド人男性は「以前、埼玉の工場で働いていたことがあって、今はここの設備の点検の仕事をやってるよ」とのこと。とにかくイギリスは外国人労働者だらけだ。

イギリスは外国人が働きやすい環境になっているらしく、海外から職を求める人たちが次々とやって来ているようだ。英語が世界共通語になっていることが大きな理由なのだろうが、イギリスの社会の仕組みやものの考え方に世界の標準となるべきものが備わっていることも理由のひとつになっているようだ。しかし、ここまで外国人の労働に依存しきった状態ではたして社会がうまく動くのか少し首をかしげてしまう。

カルロと今日も立ち話。

「ポーランドからイギリスなどに移住する人が多いらしいけど、この現象をどう思ってるの？ポーランドから若い人材が流出してしまえば社会を維持していくのが難しくなったり、国力が弱まってしまうよね」と少し意地悪な質問をしてみる。カルロは生活のためにはそれも仕方がないよと困惑した表情になるだけだ。

日本では、東京などの一部の都市への集中化が大きな問題になっているが、ヨーロッパではこれと同じような現象が国境を越えた規模で起きつつある。イギリスの場合は、人材が流入してくるので有利な立場になるのだが、それでもイギリス人の雇用が奪われたり、社会保障費が増加してくるわけだから、問題は決して小さくはない。

労働力が流出していく国の事情はさらに深刻なはずだ。経済的に弱い国はＥＵへの依存体質がさらに強まり衰退につながりかねないし、そもそもＥＵそのものが行き詰まってしまう可能性も否定できない。

そういったヨーロッパの現状を見ていると、各国とも将来大きな難問をかかえてしまいそうで他所の国のことながらも少し心配になってくる。

四月二十三日　スリムブリッジ　当日：七〇キロ　累計：七二〇キロ

午前八時前に出発。交通量の多いＡ４６を避け、小さな道を走り始める。しばらくするともう山道だ。車一台がやっと通れるほどの小さな坂道は傾斜が急すぎて、一〇キロも進まないうちに、疲労が激しくなってまともに進めなくなる。バースまでの道も起伏がひどかったが、今日の坂道の厳しさは予想をはるかに超えている。

休憩を繰り返して体力が戻るのを待ちながら少しずつ進むしかない。ウーリー、ラングリッジなどの丘の中の集落を通ってウイック辺りからやっと下り坂になり始め、視界が広がってくる。小高い丘が周りに連なる光景が目に飛び込んできて、今までとんでもない高さの所にいたことを知らされて驚くばかり。

平地に近づくにつれて民家が見え始める。ヤーテを通って西に進み、セヴァーン川沿いの道A38で北へ向かう。午前中は起伏の激しい道に苦しめられたが、午後になると一転して平坦でほぼ直線の道になる。景色に変化がないので、いくら走っても手ごたえがない。延々と走らされているような気分になってきて、いい加減に疲れ切った頃、やっとユースに到着。

ユースの建物に入ると人影がなく静まり返ったままなので少し不安になる。受付時間中のはずだが、受付のシャッターは下りたままで人の気配がしない。少しあわてながらシャッターを叩きつづけるとしばらくして受付の若い女性が平然とした表情でシャッターを上げたので安堵する。チェックインの手続が終わるやいなや女性はまたさっさとシャッターを下ろしてしまい、仕事はあたかも片手間といった様子。

ユースのあるスリムブリッジはセヴァーン川左岸の河口近くにある小さな村だ。

ウェールズのカンブリア山地の源流から流れ出して、イングランド西部を縦断し、ブリストル海峡に流れ込むイギリス最長の川セヴァーン川の河口部分は付近の土地が沈んで大きな入り江が形成される三角江になっている。河口付近に流れ込む土砂が少ないからだ。辺り一帯には潟が広がっていることもあって、野鳥が多く、バードウォッチングでは有名な場所らしい。

ユースのそばの運河には係留された船が並び、いかにものどかな雰囲気に包まれて散策するには格好の場所らしい。しかし、ユースは他に宿泊客がいないのでひたすら寂しいばかり。

昼間は、バナナを食べただけだったので、この辺に一軒あるだけのレストランでさっそく食事。メニューには食べたい料理が見当たらず、カレーくらいしかない。イギリスではカレーといったらチキンかラム肉入りのカレーが普通で、日本でおなじみのビーフとかポークのカレーがない。やはりインド発祥の料理でインド人経営の店が多いということが関係しているらしい。チキンが苦手なのでラム肉入りのカレーにチャレンジする。インディカ米がまずいのが難点だが、カレーそのものは結構美味しい。しかし、この店のウェイトレスのふてくされたような接客ぶりには呆れるばかり。ユースのスタッフも受付時間中にもかかわらず、シャッターを下ろしたままだったりして、やる気があるとも思えない。

ハバントのホテルで女性スタッフの愛想のなさに辟易させられたり、バースの電器店で怒鳴りつけられたりしたことなどを思い出してみると、こちらの店員には押し付けられた仕事を嫌々ながらやらされているといった印象がする。

働くのはあくまでも金銭的な報酬が目的で、金銭につながらない余計なことには一切手を出さないといった態度はこの国の勤労意欲の低さを表しているとしか思えない。立て続けにこんな人たちを見かけたりすると、イーデンが日本人の「匠の心」に感動したのも納得できるような気がする。

イギリスは製造業がほぼ壊滅して金融にシフトした国だが、人々の様子を見ていると地道にやるような仕事、たとえばもの造りなどにはやはり向いているようには見えない。

四月二十四日　ウスター　当日：七二キロ　累計：七九二キロ

食堂のテーブルの片隅には、シリアルとミルクがぽつんと置かれていた。だれもいない寒々した食堂でシリアルに冷たいミルクをかけてぼそぼそと食べていると、なんだかドッグフードを食べさせられている犬のような気分になって、気が滅入る。

午前八時に出発。セヴァーンの流れに沿って北に向かって走る。

これからしばらく、ウェールズとの国境に沿って、イングランドを北に向かって進むので、当分はこの川のそばを走ることになる。

A３８は起伏が多く、歩くことが多くなる。グロスター辺りでやたらに交通量が激しくなってきたので、進むのにしり込みしてしまう。小さな道路を走りたいのだが、辺りには見つかりそうもない。これからどう進もうかと道路の脇で思案していると自転車に乗った浅黒い肌のインド系の青年から声をかけられる。

「どうしたの？」

「この先の道路が混んでいて進む気になれないんだけど。この近くに小さな道路はないの？」

「あるよ。この近くのメズモアという町でインド料理店のコックをやってるんだけど、店に向かう途中だからメズモアに連れて行ってあげるよ」しばらく先導してくれることになったので一安心。

彼は勝手知ったる通り道といった様子で、すぐそばのガードをくぐって、緑のうっそうとした敷地の中に入り込むとそこは小川の流れをそのまま残した公園だ。

「先日の大雨でこの川が溢れて、しばらく通れなかったんだよ」と遊歩道を進みながらそばの小川を指さす。この辺りにはセヴァーン川の支流がいくつも流れているらしい。

メズモアの青年の働いているレストランに着き、テラス席でしばらく休憩。

一休みした後、レストランの隣の道を進むと自転車道が見つかる。ここを進みコースという所に着くが、進むつもりでいた方向から大きく西にそれてしまっている。気を取り直して、北東のテュークスベリーに向かう。テュークスベリーに着いてレストランでステーキの昼食。食べ終わって先を急ごうとするが、道は交通量の多そうなA38しかないのでまたもや躊躇してしまう。

「A38はそんなに混んでないよ。そのまま行けばいいよ」とレストランの従業員から尻をたたかれ、勇気を出して走ることにする。やはりハバントで命の縮む思いをしながら走ったことがトラウマになっていて、少し大きめの道路を走るのは恐怖心が先立って、どうしても尻込みしてしまう。走り始めると言われていたとおり道路がすいていたので胸をなでおろす。

午後六時頃にウスター到着。セヴァーン川のそばにある人口十万ほどの町だ。セヴァーン川のそばにぽつんと一軒だけ建っているホテルを見つけて投宿。ここは日本でもおなじみのウスターソースの発祥の地として知られている所だ。ウスターの主婦が台所の余りものの野菜を保存していたところ、それがうまい具合に熟成したソースになったことがウスターソースの由来らしい。一休みした後、町を散策。ウスター大聖堂という大きな教会があるせいか落ち着いた感じのする町だ。

四月二十五日　ウスター

天気予報ではあと二、三日は雨がつづくとのことでがっかり。このところ最高気温も十度を下回っていて、日本では真冬の気温だ。

走る気がなくなってしまって今日もここに泊まることにする。昨日は三〇ポンドの宿泊料が今日は三九ポンドだ。昨日は日曜日だったので少し安かったらしい。

食堂で朝食。安ホテルだからどうせ碌なものはないと思い込んで、シリアルにミルクをかけて食べていたら、その後、四〇センチ以上もあるような大皿にソーセージ二本、目玉焼き、塩辛いベーコン四枚、豆、焼きトマトなどのイングリッシュ・ブレックファストの山盛りが登場、これにトーストを食べて満腹。

女性が大皿に山盛りの料理を平然と食べている姿を見ていると、イギリス人はやはり男女ともに大食漢だ。

町を散策する。風が強くて相変わらずの寒さだ。しかし、空の美しさは格別だ。青い空に立体感のある白い雲が透明感のある大気を通して浮かび上がる光景は、まさに天然の絵画だ。ヨーロッパを旅していると空の美しさに魅せられ、眺めているだけですがすがしい気分になる。時の経つのを忘れてしまいそうだ。

裏通りを歩いていると若者二人が笑いが止まらないといった感じで大声で騒いでいる。一人がプラスチック製のパイプでなにやら吸っている。笑いの歯止めがきかなくなってしまったという様子はどこか異常な感じだ。どうやらマリファナを吸っているらしい。

昨日と同様、今日も道に迷ってしまい、道を尋ねながらやっとのことでホテルに帰り着く。方向音痴もここまでくると病的としか思えない。

第五章　霰に打たれて

四月二十六日　アイアンブリッジ　当日：六六キロ　累計：八五八キロ

ホテルのすぐ前を流れるセヴァーン川沿いのＡ４４３を進む。しばらくすると起伏が大きくなり、自転車を押して歩くことが多くなる。息を切らせながら丘を上って坂道を下る爽快感を味わってもそれは一瞬で終わる。今度はまた次の丘が眼前に立ちはだかり、際限のない繰り返しにもううんざり。汗水垂らしながら丘を上っていると道路わきの牧草地には子羊たちの無心になって遊ぶ姿。子羊たちを見かけるたびに見とれて進む足が止まってしまう。羊は冬が出産時期なので子羊たちは生後二か月ほどなのだろうか、その姿が子犬みたいでなんとも可愛らしい。時折母親の乳房の辺りを下からつついたりしているのは授乳をせがむときの仕草らしい。

羊はやたらに警戒心が強い。羊たちを眺めていると向こうもじっとこちらを見つめ返してくるのだが、いざカメラをバッグから取り出したり、少しでも近寄ろうとすると皆一目散に逃げてしまう。

林に囲まれた小道を走り、ストアポート、ビュードリーを通ってバトノークの辺りの人影のない狭い山道を走りつづけていると霰が降り出す。ブリッジノースを通り過ぎる頃、辺りが暗くなってきたので、ライトを点灯して進む。

やがて雨になる。北風が向かい風になって、前に進むのもつらい。パーカの下にはフリース二枚を重ね着しているのだが、それでも寒さがきつい。日中でも寒くて仕方がないのだが、日が落ちてくると寒さは一段と厳しくなる。午後六時過ぎになって、アイアンブリッジのユースに到着。

ユースは赤レンガ造りの趣のある建物で、もとは陶磁器の工場だった所を改造したものだ。セヴァーン川にかかる世界で初めての鋳鉄製の橋、アイアンブリッジの辺りを散策。セヴァーン川を利用して石炭が積み出されていたのでコールポートという地名が残されているこの辺りは鉄鉱石、石炭などが豊富なこともあって、近代的な製鉄業が発展し、産業革命の中心になったという産業史でも有名な所だ。一帯が世界遺産にも指定されている観光名所だけあって、古い建物がなんとも落ち着いた雰囲気を醸し出していて、眺めているだけで心を和ませてくれる。

ロジャーという名前の七十歳くらいのニュージーランド人の男性が同室。

「三か月ほどの予定でイギリスを自転車旅行してるんだよ。イングランド南部からバース、ウェールズを周って、出発してから六週間経ったところかな」

長身でやせ形、ひげ面の男性だが、この寒さの中でも薄着だ。厳しい気候の下で長旅をつづけてきただけあって、その体力と気力には感心するばかり。

この旅では、本格的な装備をして自転車の長旅をしている人に出会ったのはドーバーでの一人だけ、それもフランスなどを旅して戻ってきた人だ。イギリスを旅行中のサイクリストとなるとこのロジャーが初めてだ。ドナウ川沿いを走った時は、それこそ次から次へと重装備で自転車の旅をしている人を見かけたものだが、それがまるで嘘みたいだ。

四月のイギリスは天候が厳しすぎてサイクリングの時期ではない上に坂道が多すぎたりして、もともと自転車の長旅には向かない、サイクリストたちが敬遠する国らしい。そんな所を選んでしまった自分のヘマぶりが少し情けなくなってくる。

四月二十七日　マーケット・ドレイトン　当日：五四キロ　累計：九一二キロ

今日の天気予報は最高気温八度、最低気温一度。寒さを防ぐためフリースを三着重ね着する。ユースを出発してすぐに急な坂道が現れる。休憩を繰り返しながら、荷物で重くなった自転車を懸命に押し上げながら少しずつ進んで、やっとのことで三キロほどもある長い坂道を越える。

そのまま進んでいると道路が複雑になってきて道がわからなくなる。地図をいくら眺めても北に進む道が見つからず、頭をかかえてしまう。危険を避けるため小さな道路を探し回るが、いつの間にか四車線の道路に出てしまったりして、大あわて。

やっとのことで、テルフォードの手前のスターチリーに着くが、広い公園のそばのロータリーにはいくつもの道路が分岐していて、どの方向に進めばいいのか見当もつかない。

イギリスでは町の中心部から離れてしまうと信号機の代わりにロータリー交差点がほとんどになる。ロータリーはその中心に円形の環状部分があって、そこから放射状にいくつもの道路が枝分かれする構造になっているのだが、複雑すぎて時には間違った方向へ行きかけたりしてしまう。ロータリーの中は時計回りの一方通行になっているので、そんな時は大あわてで植え込みの中に入って逆戻りすることになる。自転車で通る場合には車の流れに合流するような形になるので、これがまた大変。

ロータリーに出会った時には、まず自転車を降り、右方向から車が来てないのを確かめ、タイミングを見計らって、自転車を押しながら小走りで渡る。ところが目的の道路に進入するためにはいくつもの分岐する道路を横切らなければならない。下手をすれば横から進んでくる車に巻き込まれてしまうので、とにかく冷や汗ものだ。

大きなロータリーになると分岐する道路の数が多くなる。これが特大級のものになると大きなロータリーがいくつも数珠つなぎのように連続しているタイプのものもある。

もともとロータリーは設置スペースが大きくなったり、事故や渋滞が起きやすいということもあって一時下火になっていた方式だが、ヨーロッパ、とくにイギリスでは交差システムとして、広く普及している。その有効性はともかく、少なくとも歩行者や自転車にとっては危険すぎるように感じる。とにかくロータリーを渡るのは命がけだ。大きなロータリーを渡り終わるたびに、それこそ恐怖の一瞬をなんとかクリアできたと胸をなでおろす。

辺りにはまったく人影がないので途方に暮れているとジョッギング中の女性を見つけたので、さっそく道を尋ねる。

「ここからテルフォードの中心に行って、そこからウェリントンの方へ抜けなさい。サイクリング道路があるからね」とアドバイスしながら、ロータリーを渡って道路の行先を確認してくれる。これでやっと道がわかってきたので一安心。

テルフォードの中心まで進むと広い道路が縦横に走っていて、いかにも新しく開発されたような近代的な雰囲気のする大きな町だ。とにかく町全体が広々としていて、まるで未来都市みたいに生活感がなく、人を見かけない。

そのうち空が一面真っ暗になり、雨が降り始める。やがて霰が音をたてながら降り注ぎ、辺りにはじけ散り、見る見るうちに路面が白くなる。つぶてのように叩きつけてくるので顔にも痛みが走る。薄暗くなり視界も悪くなる一方だ。寒さと霰にうんざりしながら進んでいると二車線のA４４２に出る。大型車が爆走しているのに肝を冷やしながら進み、ウエリントンを過ぎた辺りでようやく小さな道を見つける。

しばらくすると天気が回復してきて青空までのぞき始めたこともあって、林に囲まれた小さな道を進むと辺りはのどかな田舎の風景が広がり始める。日本では想像もつかない天候の移り変わりの激しさに驚かされる。

ウォーターズアップトンの小さな食料品店に立ち寄る。上品な老年女性の店主と立ち話。

「イギリスには、どの町にも格安のB＆Bがあると聞いていたので、こちらに来る前はホテルの心配なんかしてなかったんだけど、実際来てみると予想とは大違い。とにかく宿泊費や物価が高いのでびっくりしましたよ」

「そうね。宿が安かったのはもう昔の話になってしまったわね。今はどこもホテル並みに高くなってしまったから、大変だね」と慰められる。海外からの資本の流入がつづいたりして、不動産価格が高騰していることが原因らしい。

話し終わると食料品店のすぐそばの細い道から出発。林や農地、農家が点在する風景を楽しみながら進んでいると好転した天気もまた一変。青空は鉛色に変わり、またもや霰が降り出す。空一面が暗くなったので、ライトをつけ、霰を避けるため木の下に退避して、小降りになるのを待ってまた走り始める。

　牧場の入り口の辺りで休んでいると、乗馬を終えて戻ってきた女性から「霰にあわなかった?」と話しかけられる。馬から降りた後、女性はリンゴを半分に切って渡してくれたので、一緒に食べながら立ち話。

「この馬小柄ですね。いくつですか?」

「そう、少し小柄ね。十七歳の雄なのよ」

「イギリスは乗馬というスポーツに関しては本当に恵まれた国ですね。日本では乗馬は費用がかかるので金持ちの道楽みたいなものだか

乗馬をしていた女性と立ち話

らね」

「イギリスでは庶民でも楽しめるスポーツですよ。私は毎日一時間ほどは馬に乗ってるわよ」

ヨーロッパはどこでも乗馬が盛んだが、地形の違いもあってか、日本ではぜいたくな趣味に留まっているのが、なんとも残念だ。

A529でマーケット・ドレイトンへ到着。ここはその名のとおり、昔から市が開かれてきた小さな町で、今でも毎週水曜日には市でにぎわうらしい。

まだ体力は残っているのだが、町並みを眺めながら進んでいるうちに鉛色の空から霰が繰り返し降ってくる天候にさすがに耐えられなくなって、走る気が一挙になくなってしまう。幸いにもすぐ宿が見つかったのでこの町で泊まることにする。近くの持ち帰り専門の中華料理店に行くと主人に話しかけられる。

「どこから来たの？」

「日本からの旅行者だよ。イギリスにはどのくらい住んでるの？」

「香港から来てずっとこちらで中華料理の店をやってるんだけど、もう三十年になるかな」

「ずっとここに住むつもりなの？」

「いや、リタイアしたら香港に帰るよ。冬の気候が嫌だからね」と顔をしかめながら答える。やはりこちらの気候は厳しすぎるらしい。

四月二十八日　チェスター　当日：五六キロ　累計：九六八キロ

今日の予報は最高気温六度、最低気温二度で、雨。最悪の天気だが、これからも数日は雨がつづくらしいので出発せざるを得ない。ここまで連日のように雨や寒さや坂道に苦しめられつづけているとうんざりというよりもうどうにでもなれとヤケになった気分で出発。

今日は、目的地のリバプールが大きな町ということもあって、その周辺には町が密集して道路がやたらに複雑なので、走るのが不安になってくる。とにかく、いくら地図を眺めてもどこを進めば良いかわからないので、道を尋ねながら行くしかない。

出発して間もなく、早くも道を間違えたようだ。あわてて通行人に尋ねて、方向転換。

チェスターに向かうようアドバイスしてくれたロジャー

A529は平坦なので順調に進む。ナントウィッチの辺りを走っているとロードバイクに乗った老年の男性が隣を走りながら話しかけてくる。

「日本から自転車旅行に来たんだよ」と自己紹介すると男性は興味を持ったらしく、次々と質問してくる。

「今日はどこまで行くの？」

「リバプールに行くつもりだけど、どの道を走ったらいいのかな？」道がわからず頭を悩ませていたこともあって、いい道案内が現れたとさっそく道を尋ねる。

「リバプール辺りは道が混んでるよ。自分が自転車で行くときには裏道を通ったりしてるけど、専用の地図がないと説明なんかできないよ」

そのうち、自転車を止めて立ち話。

「ここからリバプールまで走るのは大変なんてもんじゃないよ。とにかく町が密集しているからね。このままリバプールに行くよりは、とりあえず北西方向のチェスターに行った方がいいよ。今日はそのうち雨が降り出すからね。降る前にはチェスターに着いていた方がいいよ。そこで一泊して翌日三〇キロほど離れたバーケンヘッドまで行って、そこからリバプールまでフェリーで渡ればすぐだからね。とにかく、ここからリバプールに直接行くのは道が混みすぎてるからよした方がいいね」ロジャーという男性からアドバイスされる。

日本で旅のルートを検討している時にも、リバプール付近の道路状況のあまりの複雑さに音を上げ、対岸からフェリーでリバプールに渡る方法も一応検討はしていた。ところが、インターネットでバーケンヘッドのフェリーの情報をいくら探しても見つからないので諦めてしまったのだ。地元の地理に詳しい人からのアドバイスなのでさっそくそれに従ってチェスターに向かうことにする。

「若い頃からスポーツはあれこれやっていたけど六十五歳から自転車に乗り始めて、フランスなどにも自転車で行ったよ」という遅咲きの自転車ファンだ。

「しかし、イギリスの寒さと坂が多いのには閉口したな」

「そうだろうね。今年は例年に比べて寒すぎるよ。しかし、スコットランドは六月でも雪が降ったりするからね。寒さだけは覚悟しておいた方がいいよ」

話し終えてロジャーに教えてもらった道を進む。走っているうちに昼頃からやはり小雨となり、次第に雨脚が強まるが、海岸に近いためか道が平坦で走りやすい。そのまま順調に走り、午後一時過ぎにはチェスターに到着。

宿を予約してないのが心配だったが、すぐに宿が見つかったので胸をなでおろす。料金は一八ポンドの安宿だ。しかし、ここは安いだけあって、暖房もまともに入ってない。部屋が冷え切っているので、室内でもフリース二枚では寒いくらいだ。

滞在しているのはここを下宿替わりにしている勤め人が多いようだ。肉の加工場で働いてる、いかにも純朴そうな青年と話をするが、話す言葉が聞き取れず、完全にお手上げ。

窓の外を眺めると雨は本降りになっている。気温は八度ほどで、冷たい雨に町中がずぶ濡れになって寒々とした感じだ。この寒さと雨の中をあのままリバプールに向けて走っていたらと考えるだけでもぞっとしてしまう。今日は絶好のタイミングでロジャーに出会い、道を教わったので間一髪救われた。

しかし、このところ雨は降るし、気温が低いしで、まともに走れる状態とは思えない。このままスコットランドに向かえば寒さもいっそう厳しくなる。移動するのはしばらく止めて、気温が上昇するまで日程を遅らせた方がいいのかもしれない。

さっそくインターネットでバーケンヘッドからリバプール行きのフェリーの情報を探すが見つからない。困り果てて、担当者に相談するとサイトを見つけてくれたので一安心。

寒いと思っていたら夜半には零下、雪が降るとの予報。イギリスはまさに北国だ。

四月二十九日　チェスター

朝から冷たい雨。日中の気温が五度。これではとても走る気がしない。天気が回復しないし、リバプールの宿がとれないこともあって、明日もここに泊まることにする。気温が上昇するまでのしばらくの間、この近辺に留まるしかないようだ。

ラウンジには、ここに半年滞在している南ア出身の白人男性、モンゴルで料理店を経営しているニュージーランド人の男性、アルゼンチンからの旅行客、インド人のコックなど多士済々の宿泊客たちが集まって、英語で談笑している。会話を聞いていると国は違っていても自然そのものの感じで英語でのコミニュケーションにはまったく支障がないらしい。

自分の知っている白人のアメリカ人男性が、軍隊暮らしの長い弟が黒人英語、ハワイ暮らしの妹はハワイ・ピジン英語を話すこともあって、実家に家族全員が集まって話す時でもなかなか言葉が通じないとこぼしていたことを思い出す。英語も多様な世界が広がっているらしいのだが、ここの連中の会話がスムースなのは標準的な英語を使っているためらしい。世界中に散らばっている様々な国の人たちがなんの支障もなく意思の疎通ができている姿を目の前にすると、日本語だけの完結した世界から見ているとやはり少し不思議な感じがしてしまう。

海外を旅していて、いつもうらやましく思うのは英語圏の人々が英語という手段を通して情報や価値観を共有している姿を見る時だ。円滑な意思の疎通を可能にしているのは言葉だけではなく、キリスト教文化、民主的な社会のシステムや合理的思考などの共通の基盤があることも大きな理由になっているのだが、とにかく英語圏の人々の国際的なコミュニケーションの能力は日本人には想像もつかないレベルだ。しかし、英語やスペイン語のような国際語を使う国の人々にとっては、その言語が利点ばかりをもたらしてくれるわけでもなさそうだ。

言語は、自国民と他国民を区別する機能を持っていて、それは一種の壁を造る。この壁には必ずしも弊害が伴うだけとはかぎらない。人材の外国への流出や外国人の野放図な流入を防ぐ有効な手段になっているし、周りから切り離された世界で固有の民族文化が静かに熟成され、独自性が深化し、そしてそのことが民族のアイデンティティーを育むという大きな役割をはたしているからだ。

グローバリズムの進展によって、多文化共生ということが当たり前のようになってきているが、みずからの立ち位置を失っては民族として生き残ることが難しくなるとしか思えない。アイデンティティーを保ちつづけることの重要さをあらためて痛感する。

半ば負け惜しみみたいな考えかもしれないが、日本人の思考や感性を英語で表現することは不可能としか思えないし、難解な日本語が世界共通語になることもあり得ない。そういうことを考えていくと結局日本人は日本人であるかぎり日本語の世界の中で生きていくしかないようだ。

午後天気が少し回復してきたので町に出る。ポケットに手を入れ、首をすくめるようにして歩く。厳しい気候と坂道の多さにくたびれ果てて、つくづく自転車旅行をしているのが嫌になってくる。これから向かうスコットランドは、山がちな地形で、気候もいっそう厳しくなっていく。そう考えると気が重くなるばかり。暖かくなるまであと一カ月ほどかかるかもしれないが、これをなんとか我慢して乗り越えれば楽になっていくはずだと気を取り直すしかない。

四月三十日　チェスター

今日はまだ冷たい風が吹き、小雨が降っている。明日もまた雨の予報でうんざり。明日からいよいよ五月となるが、この調子では日本の真冬と同じだ。日本でも冬は寒さがきついこともあって、自転車にはあまり乗らないのだが、今回の旅はこの寒さに加えて雨と坂道だらけ。毎日ため息をつきながら自転車旅行をやっているようなものだ。

これでは気分転換になるどころか、逆にストレスをためるためにわざわざイギリスまでやってきたような感じがしてなんとも情けない。

今までの自転車旅行ではしばらく走って、その国の道路事情に慣れてくるにしたがって、開放感が味わえたものだが、今回の旅はそうはいかない。旅を始めてもう一か月経過したのだが、いっこうにそんな気分にはなれない。出るのはため息ばかり。不完全燃焼のままで旅が終わりそうな、嫌な予感がしてくる。

今日のニュースで、スコットランドで活躍していた北フランス生まれの有名サッカー選手がスコットランドのあまりの寒さに悲鳴をあげてチームを逃げ出すという過去があったことが報じられていた。北フランスはかなり気候の厳しい所のはずだが、スコットランドはその北フランス育ちの人間が逃げ出すほど寒い所らしい。

これからのスコットランド行きを考えているだけで気が重くなり、自分まで逃げ出したくなってくる。

イギリスに住んでいる外国人たちと話していると、やはり気候の厳しさが口に出る。外から来た人たちにはとにかく体にこたえる気候だ。日本人でも、北国育ちでもないかぎり、体を壊しかねないような気候としか思えない。

とにかく自転車でいちばん弱いのが雨と坂、それに寒さだ。今回の旅は、自転車の弱点がてんこ盛りなのだからどうしようもない。この旅行中、自転車旅行をしている人をまったくと言っていいほど見かけないが、それがイギリスの自転車旅行の厳しさを物語っているようだ。いくら時季外れだからといってもこの雨と寒さ、坂道の多さでは自転車で走るのはレジャーというより修行しているようなものだ。

肉体を鍛えれば人間的に成長できるというスパルタ教育的な考え方があるが、その考えからするとこの旅行を終えて帰国する頃には自分もさぞかし立派な人格者に成長していることだろう。

時折コーヒーを飲むためにキッチンに行く。雨が降り、明かりもついていない真っ暗な室内は暖房が入ってないので冷え切っている。その暗闇の中にいつも女性がひとりぽつねんと椅子に坐っている。ここに住んでいる三十代の女性だ。

彼女を見かけるたびに「寒いね」「そうだね」と短い会話をかわしているのだが、女性は寒さや薄暗さなどとくに気にする様子がない。イギリスの暗くて長い冬を経験している人たちはこの陰鬱そのものの天候には慣れ切っているらしいのだが、自分だったら、こんな日が長くつづいたら精神が崩壊してしまいそうだ。

しかし、この陰鬱そのものの過酷な気候がイギリス人の精神形成に大きく影響していることは間違いないようだ。

第六章　ようやく春が

五月一日　リバープール　当日：三〇キロ　累計：九九八キロ

昨夜は遅くなって入室してきた若者たちが電気をつけたまま狭い室内で会話しつづけたので、ベッドの中でやきもきしているうちに頭がさえてしまい、眠れないまま朝を迎える。

午前六時、冷え冷えとしたラウンジで昨晩持ち帰ったテイクアウトのチャーハンを食べる。冷めたチャーハンだからうまいわけはないが、それでも空腹のまま走るよりもマシだ。固くなったチャーハンを噛みしめながら食べていると口の中でガリッと音がする。取り出してみると奥歯の被せ物が取れている。帰国まであと二カ月もあるので、そのうち痛みだしたりしないか心配になるが、なす術もないので放っておくしかない。

初めてのヨーロッパ旅行では、道端にサクランボの実がたわわに実っていたので、枝からもぎ取っては口にしたが、その固い種のおかげで歯が欠けたことがあった。長い日程、なにかしら予期せぬ出来事が起きるのは仕方がない。

食事を済ませた後、午前八時前に出発。天気予報では小雨だが、まだ曇り空なのでなんとか走れそうだ。とにかく雨が降り出す前に距離をかせいでおきたい。交通量の少なそうなＡ５４０を探し回るが見つからない。仕方なくＡ４１を進み始める。

四車線なので走りたくなかった道路だが、いざ走ってみると日曜日ということもあってか予想外に車が少ない。市街地を通る道で周囲から遮断されていないのでホッとする。一時間ほど気分良く走っているうちに小雨が降り出すが、目的地が近いので気にしないで急ぐ。

二時間ほど走って、バーケンヘッドのフェリー乗り場に到着。バーケンヘッドは、マーシー川の湾状になった河口に開かれた町だ。川を挟んだ対岸にはクルーズ船が停泊する大きな港、その後ろにはリバプールの町が広がっている。フェリーの運行開始前なのでフェリー乗り場の辺りには人影がない。

寒さに首をすくねながら立ったままで建物が開くのを待つ。

フェリー乗り場の建物にはナチスドイツの大型潜水艦Ｕ－５３４を展示した博物館も併設されているので、しばらくそこを見物して、昼前にフェリーに乗船。目の前のリバプールには、アッという間に到着。船着き場のそばにはビートルズの銅像が立っていて、観光客が写真を撮ったりしている。さっそく自分も記念の写真を撮って出発。フェリー乗り場からしばらく進むともう町の中心部だ。

自転車を押しながら、繁華街を通って、宿へ向かう。第二次大戦中にドイツ軍の爆撃で古い建物がなくなってしまったこともあって、道路が広くて近代的な感じがする町だ。

言うまでもないが、リバプールは、ビートルズが誕生し、一世を風靡したリバプール・サウンズの中心地として知られた町だが、かつてアフリカの奴隷、新大陸の砂糖や綿花、イギリスの衣料品などが大西洋を渡ってそれぞれの目的地に運ばれる地球的規模の交易の中心地として繁栄した所でもある。この貿易がイギリスに膨大な富をもたらしたことで、イギリスに産業革命が起きるきっかけを作ったという意味では、歴史的にも大きな役割を果たした町ということになる。しかし、華やかなイメージの陰には奴隷貿易という事業に手を染めていたという暗い歴史も隠されている。

小雨が降っていて相変わらず寒いのだが、日曜の昼過ぎとあってメインストリートは長い冬が終わり待望の春が来たといった喜びの表情を浮かべる人々で溢れて、皆寒さなど気にしている様子はない。

今日の宿に到着。イギリスではバックパッカーズといわれている、ユースと同じ形式の安宿だ。日本ではゲストハウスといわれているものだが、イギリスのゲストハウスはB&Bの大きなものを指していて少し違ったタイプのものらしい。

安宿といっても建物は堂々とした重厚な造りのいかにも由緒ある所のようだ。部屋に入ると天井が高く広々としていて、まるで体育館だ。二段ベッドがずらりと並んでいる様子は壮観そのもの。狭い部屋に二段ベッドがいくつも並んでぎゅうぎゅう詰めが当たり前の状態をいつも経験しているので、この広さにびっくり。

隣のベッドの中年男性と言葉をかわす。

「ポーランドで薬剤師をやってるんだけど、こちらに仕事を探しに来たんだよ」バースの宿で働いていたカルロもそうだったが、イギリスでは仕事を求めて移住してくるポーランド人の急増で仕事を奪われる人が多くなっていて大きな問題になっているらしいが、この男性はとくに気にしている様子もなさそうだ。

「共産主義の時代はどうだったの?」

「十八歳まで社会主義の下で暮らしたけど、碌なもんじゃなかったよ」思い出したくもないといった表情で答える。

「イギリスに来てどんな印象を持ってる?」

「自分はキリスト教を信仰してるんだけど、この町の人たちは物質的なものに踊らされてしまって、享楽的な生活に染まってるという印象だね。精神的なものを大事にしているようには見えないね」いかにも真面目そうな人物らしく、こちらの人々の生活ぶりにはかなり違和感を感じているらしい。

ヨーロッパを旅してきた経験では、高齢者は別として宗教には無関心な傾向が目立ち、この男性のような信仰心が篤いタイプは今では少数派だ。しかし、ポーランドでは日曜日に手をつないで教会に向かう夫婦連れの姿が目立ったし、教会の入り口には礼拝の時間を待つ人々が列を作っていたりしているのを見かけた。ポーランドは社会主義を経験している国だが、どういうわけか信仰深い人たちが多いようだ。もっとも社会主義も一種の宗教と考えれば腑に落ちることではあると納得。

五月二日　リバープール　当日：一キロ　累計：九九九キロ
今朝も曇り空、そのうち小雨から、やがて本降りとなる。気温も多少上がってきたが、こちらの月平均の最高温度の十五度は下回ったままだ。五月になったというものの、まだ寒い。

ポーランド人と。ポーランド映画のことを話しながら朝食をとる。

この宿には二匹の猫が飼われている。こちらで見かける猫は大柄のものが目立つが、ここの猫も大きくて肥っていて、やたらに可愛い。廊下でたむろしている猫を見つけては体を撫でたりして過ごす。天候やら坂道やらで肉体も精神も疲れ切っていることもあって、動物を相手にしている時がいちばん心が安らぐ。

犬や猫は三食（二食が多いが）昼寝付きで、かいがいしく身の回りの世話をしてくれる飼い主という従僕がいる。働かなくても生活の心配がいっさい不要のなんとも羨ましくなるような身分だ。しかし、犬や猫の名誉を弁護すると、かれらはなにもしない、無為徒食の輩というわけではなく、人の心を癒すという得意技を持っている。なにせこの必殺技一本で人間様を従えて、王侯貴族の生活ができているのだからこの連中も侮れない。

宿をチェックアウトして、ユースに移る。ユースはそばにあるのでのんびりした気分で移動。途中で桜の木を見かけるが、ロンドンを出発する頃には満開だった桜もこの辺りではまだつぼみだ。

ユースに着く。玄関でチェックアウトしようとする日本人の若者と立ち話。スコットランド見物を済ませてきたばかりとのこと。

「これから北へ向かうんだけど」と話すと「ここよりもかなり寒いですからね」と念を押されてしまう。わかってはいるもののあらためて言われるとがっかりする。

部屋に荷物を置いて久しぶりの洗濯だ。

これから向かう湖水地方、スコットランドの気温を調べてみると北に位置しているだけあって、かなり低い。当分は寒さがつづきそうなので気が重くなる。

町の中にひときわ高くそびえるリバプール大聖堂を目印にしながら中華街に向かって歩く。たどり着いた中華街は短い通りを挟んで中華料理店がまばらに並んでいるだけでそれほど活気があるとも思えない。

しかし、中華料理店でイギリス人の若者六、七人が食事をしながら流ちょうな中国語で会話を楽しんでいる姿を目の前にすると、こちらにはいかにも中国相手の人材が育っている様子だ。この小さな中華街のすぐそばに大きなチャイナタウンが建設中ということを考えると、中国とイギリスの間には長い歴史があって両国の関係がいっそう深まっているという印象を受ける。

宿に戻ると老年の男性が同室だ。

「どちらから?」

「マン島から来たんだよ。船のエンジニアだったんだけど、いまはリタイアして、もっぱら旅を楽しんでるよ。これからフェリーでアイルランドに行く予定にしてるんだ」

「マン島ってどんな所なの? オートバイのレースで有名なのは知っているけど」

「島は高低差があって雨も多い所だけど、オートバイのレースでは有名だね。その時期になると島は観光客でいっぱいになってね。最近は、マン島が相続税などの税金が安いのが知られてきたこともあって人気が出てきて、海外からも富裕層が大勢移住してきたりしてるんだよ。もっとも、それが原因で不動産の価格がかなり上がってきてるけどね」イギリス本土と同じような現象が起きているらしい。

「マン島は独立国なの？」

「そうだよ。通貨も独自のものを持っているし、一応独立の議会もあるしね」マン島はイギリス王室の直轄下にあるのだが、連合王国には所属してないらしい。長い歴史を引きずっていることもあって、イギリスは国も市町村もその仕組みはなんともややこしくて、外国人が理解するのは大変だ。

五月三日　リバプール　当日：三〇キロ　累計：一〇二九キロ

今日は青空が広がり、だいぶ暖かくなってきた。待望の春らしい気配に気分が軽くなる。さっそく、ずっと手放せなかったフリースを脱ぎ、長袖シャツ姿になる。このまま気温が上昇してくれと祈るような気持ちだ。

インターネットでリバプールの町の様子を調べているうちにジョン・レノンの育った家の情報を見つける。久しぶりに天候が回復してきたので町の見物も兼ねてレノンの家の見学に出かけることにする。それほど遠い所でもないらしいので、地図も持たずに、あらかた目星をつけた方向に向かって自転車で走り始める。

あちこちで花が開き始めた八重桜の姿を見かける。のどかな春の陽気がなんとも心地よい。

しばらく走って、「レノンの住んでいた家はどの辺りなの？」と通行人に尋ねる。「ここからはとても自転車で行けるような距離じゃないよ」と皆絶句して、半ば呆れたような表情になってしまう。

なんだかとんでもなく遠い所らしい。それでも、このまま進んでいればそのうちにたどり着くだろうと気にもしないで走りつづける。道路沿いに立ち並んでいた住宅がなくなり、辺りはうら寂しい雰囲気になってくる。それでも我慢しながら走っていると前方には、目にしただけで怖気づいてしまいそうな天敵の四車線道路が現れる。さすがにここでしっぽを巻いて引き返す。地図では近い場所だと思い込んでいたのだが、とんでもない勘違いをしていたらしい。イギリスは地図ではそれほど大きな国には見えないが、日本のように山が多いわけではないので、実際に走ってみると予想外に広々とした感じがしてたびたび驚かされる。

同室のニューカッスル出身の青年に湖水地域のことを尋ねてみると「北になるので、ここよりもずっと寒いよ」と言われて、またもや気が重くなる。

五月四日　リバプール

今日はすぐそばのビートルズの博物館、ビートルズ・ストーリーの見学だ。全盛期が六十年代だったこともあって、見学者の年齢層が高い。老年の夫婦連れ、杖をついている人も目にする。展示物を眺めているうちに「抱きしめたい」が大ヒットして、世界的な社会現象になった高一の青春真っ盛りの頃を思い出す。

ビートルズといえば、当時は熱狂的なファンがやけに目立ち、服装もヘアースタイルも型破りすぎたこともあって、最初は反発しか感じていなかったのだが、名曲の数々に接するにつれ、次第にかれらにひれ伏すようになっていったことをよく覚えている。

中高年者にとってはビートルズが青春時代と重なっていることもあってか、若かりし頃を思い出して感傷的になっているらしく、皆しんみりした表情だ。見学者たちがこれほど神妙になる博物館は他にはあまりないだろう。

当時のヒットチャートも掲げてある。デル・シャノンの「悲しき街角」、ビートルズが一時前座のバンドをつとめていたこともあるヘレン・シャピロの「悲しき片思い」、ヒットチャートのリストを眺めているだけでなつかしさでいっぱいになり、当時夢中になって聴いていた歌手たちの歌声が頭の中に蘇ってくる。

この町でリバプール・サウンドという世界中に影響を与えた音楽が生まれたのは、暗くて長い冬に陰鬱になりがちな人々の気分を高揚させる手段として音楽が欠かせないものだったことに加えて、船や港で働く人たちの気質や港町特有の開放的な雰囲気が土壌となったような気がする。

五月五日　プレストン　当日：七六キロ　累計：一一〇五キロ

暖かくなってきたのでフリースを脱ぎ、長袖シャツの上にパーカを着て、朝八時過ぎに出発。港に沿って北に向かう。しばらく走ると道路の右側には倉庫などの港湾施設の朽ちかけた姿がつづく。廃墟マニアが喜びそうな建物の残骸だ。かつてはリバプールの繁栄の象徴だった港湾事業も今は衰退の一途をたどっているらしい。

リバプールの周辺には町が集中していることもあって、複雑な道路と激しい交通量に悩まされるのを覚悟していたのだが、しばらく走っているうちにいつの間にか郊外へ抜け出せていたので胸をなでおろす。

A565でフォームビーまで進む。気温が上がり汗をかき始めたのでパーカを脱ぎ、長袖シャツ姿になる。今まで寒さに苦しめられてきたこともあって、久しぶりに開放感を味わう。

オームスカーク、バースカフなどの町を通り過ぎた後は、小高い丘を自転車を押しながら進む。B5250でリーランドを通り、今日の目的地プレストンに着く。プレストンはアイリッシュ海に注ぐリブル川沿いの町だ。

初老の男性にホテルの場所を尋ねるとすさまじい訛りの答えが戻ってきて言葉が聞き取れない。イギリスの英語のわかりにくさはさんざん体験させられてきたが、イングランドでも北の方になれば聞き取るのがさらに大変になる。道を教えてもらった後、男性が秋に行く予定にしているタイ旅行の話をし始めたので、しばらく立ち話。刻みタバコを紙で巻き、口にくわえながらスマートフォンでホテルなどの画像を見せながら「おい、これ見てみなよ。このホテルが一泊たったの八ポンドだぞ。こいつはこたえられないよ。まるで天国だぞ」と夢中になって、話し始める。

連日のように雨と寒さ、坂道に苦しめられ、口に合わない食事に悩まされ、物価の高さに泣かされながら旅をしているので、南国の温暖な気候と食べ物の美味しさ、物価の安さは男性の言うとおり天国としか思えない。そう考えてみると、今はさしずめ地獄を旅しているようなものなので、旅する国を間違えてしまったことを思い知らされて、段々みじめになってくる。

郊外の教会のそばのB&Bに着く。今日は暖かくなった上にリバプールから無事に抜け出して、周りに田園風景を目にすることが多くなってきたこともあって、久しぶりに晴れやかな気分で走れたようだ。荷物を置いて、買い物がてら近くの商店街に出かける。道路が広々としていて、辺りには閑静な住宅街が広がる、落ち着いた感じの町だ。

第七章　緑と湖に包まれて

五月六日　アーンサイド　当日：五九キロ　累計：一一六四キロ

長袖シャツ姿で、午前八時過ぎに出発。Ａ６で北に向けて走り始める。湖水地区に近づいてきたので、辺りには林や農場、牧場が広がり始め、田舎の小さな道になってくる。

テリア系の白い犬、ウェスティをつれて散歩中の中年女性がいたので話しかける。道を尋ねるのはいつもの通りあくまでも口実で可愛い犬をそばで見てみたくなったのだ。とにかく犬を見るとつい触ったり抱いたりしたくなる。一度見かけただけでも印象に残った犬などは、いつまでも思い返したりするほどだから、よほどの犬好きらしい。こうなったら一種のストーカーみたいなものだ。

羊も可愛い。とくに子羊。牧場で一心に草を食んでいる子羊を見かけるといつまでも眺めていたくなって、その場を去るのがつらくなる。

旅をしている時、風景の素晴らしさに心を奪われることがあるが、なんといっても時折出会う動物たちほど心をときめかせてくれるものはない。一人旅の孤独感が生き物たちの姿に二重写しになるためなのだろうか、自然の中でひっそりと自分の力だけで生きている動物たちのけなげさほど心を癒してくれるものはない。

走っているとパトカーが目の前で止まったかと思うと中から出てきた三人の私服の警官が車を止めるやいなや、急いで道路にケーブルを張る。後ろから来た車が通過したとたんにケーブルを回収してまた猛スピードで走り去る。イギリスではあちこちで道路を横切るようにケーブルが張られているのを見かける。速度をチェックするためのものらしい。警官たちの真剣な様子を見ているとイギリスは交通の取り締まりがかなり厳しい国のようだ。

静寂に包まれた湖沼には時折鳥の鳴き声が聞こえるだけ

カーンフォース、ワルトンを過ぎる。

順調に進んでアーンサイドに近づく。アーンサイドは、湖水地方を流れるケント川が南のモーカム湾に注ぎ込むその河口付近にある静かな村だ。河口部分は三角江の大きな入り江になっていて、干潟が一面に広がっている。川と海を背にして小高い丘が広がり、そのふもとに民家が立ち並んでいる。地形的にも周りから隔絶されているので、辺りには俗世間から離れてひっそりとたたずむ小さな王国といった雰囲気に溢れている。

大きな起伏を繰り返す山道を進む。民家は見えなくなり、周りは林と沼だけの寂しい風景が広がる。一帯が低湿地になっていて、葦の生い茂る湖沼には水鳥たちの遊ぶ姿。静けさの中に時折耳にする鳥の鳴き声がいっそう寂しさをつのらせる。

午後三時頃、ユースに着く。窓口が開くまで時間があるのでユースの玄関前で休憩。明日から湖水地方に向かって進むので、まずはこれから泊まるユースの予約をしなければならない。この辺りにはユースが集中しているので、どこに泊まろうかと考えながらインターネットで検索し始めるとどこも満室。天候がよくなってきたためらしい。焦りながら宿を探しつづけるが、どのユースも満室ばかり。仕方なく範囲を広げてグレンジ・オーバー・サンズという所にあるホテルをなんとか見つけて予約。野宿がなんとか避けられたので安堵の胸をなでおろす。大あわてで場所をよく検討もしないまま予約してしまったので、しばらくして、あらためてホテルの位置を確認してみるとちょうど湾の向こう側だ。直線距離で五キロほどしかないので電車に乗ればすぐの所らしいが、そこまで行くフェリーもないし、自転車が通れるような橋もない。

イギリスでは電車に自転車を乗せて移動できるのだが、せっかく自転車で旅行しているので電車にはあまり乗りたくない気分だ。しかし、自転車で走ろうとすれば湾に沿って、その周囲をぐるりと回ることになるので明日どうやって行くか迷いつづける。

五月七日　グレンジ・オーバー・サンズ　当日：二八キロ　累計：一一九二キロ

今日は自転車で湾の周りを回って目的のホテルに行くことにして出発。急な坂道を降り、無人駅の前を通るとやがてモーカム湾が姿を現す。湖水地方を流れてきたいくつかの川が注ぎ込む、見渡すかぎり干潟の広がる遠浅の海だ。ここは十数年前に貝採りをしていた二十人ほどの不法滞在の中国人が水死するという事件の起きた場所だ。湖水地方の増水と多分泳ぎを知らなかったことが悲劇をもたらしたのだろう。駅の辺りから湾を横切るように鉄橋がかかっていて、グレンジ・オーバー・サンズ行きの単線の線路が延びている。

そこを通り過ぎ、遠浅の入り江に沿って走る。起伏を繰り返す山道は林に囲まれ、時折目にする牧草地は羊の遊ぶ静かな別世界。

林や畑のそばを走りつづけて、小さな湾を一回りするとホテルが集まっている辺りに出る。林の中の奥まった所に予約していたホテルを見つける。宿泊客でにぎわっている、大きくて立派なホテルだ。いかにもイギリスらしく、犬を連れた客も見かける。チェックインした後、外出して、海沿いの通りを歩く。遠浅の海に面しているので保養地になっているらしく、観光客が溢れている。日本の行楽地と違って若者の姿が少なく、リタイアした老夫婦ばかりだ。

今日のホテルは落ち着いた感じがするが、大きいだけあって、なごやかな雰囲気はあまり期待できそうもない。

大きなホテルは会社組織になっているためかスタッフの対応もビジネスライクで心の触れ合いに乏しいのが普通だ。そんなこともあって、居心地の良さを期待するには家族で営んでいるような小さな宿に勝るものはない。

自転車の旅は、天候や地形などによって、走行距離が大きく変わる。走る距離が予測しにくいこともあって、宿の予約はせいぜい一日か二日前にすることが多いのだが、困ったことにこれから走るルート沿いのユースはすでにどこも満室だ。このままでは下手をすると野宿することになるので、大あわてで一週間ほど先までの走行計画を立てて、なんとか宿を押さえてしまう。予定した日程でうまく走れるか自信がないこともあって、なんだか綱渡りをやっているような気分になってくる。

五月八日　ウィンダミア　当日：三五キロ　累計：一二二七キロ

朝、食堂に行くとすでに宿泊客で溢れていて、にぎやかな雰囲気の中で食事。あまり期待してなかったのだがなかなかのレベルの料理に満足。ボーイに頼んでペットボトルに水を入れてもらい、九時半に出発。

北に少し進んで、リンデールという小さな村に着き、民家のある辺りを進み始めるが、急な坂道が次々と現れてくるのに唖然とする。荷物で重くなった自転車を押しながら坂を上るのだが、傾斜が急すぎてなかなか自転車を押し上げられない。緩やかな傾斜の坂道だったら、自転車を押しながらゆっくり歩いて進み、下り坂で体を休ませたりすることもできる。ところが、ここはほんの一〇メートルほどの短い間隔を置いては急傾斜の坂が次々と出現してくるのでとても体がもたない。とにかくすさまじいとしかいいようのない起伏の激しさだ。所々に民家を見かけるので一応一人前の村らしいのだが、いったいなんでこんな恐るべき地形の所で平然と生活ができているのか首をかしげるばかり。

なんとかこの村を通り過ぎ、そばを通っている四車線の道路A590をしばらく走って、ローニュートン、ハイニュートンからエイサイドという村の辺りまで来るが、道を間違えていたのに気づき、もとへ戻る。周りは田舎ののどかな風景が広がっているのだが、辺りが急な坂道だらけということもあって、景色を楽しむ余裕もない。

民家で北方向のカートメルフェルに向かう道を尋ねる。

「この先に道があるけど、その道は山の中を通る道だから自転車では傾斜がきつすぎて大変だよ。A590で行った方がいいよ」と説得される。

しかし、四車線の道路を走る時の恐怖感が半端ではないこともあって、説得を振り切ってその小さな道を進み始める。

意気込んで進み始めたもののしばらくするとこれがまたとんでもない山道だ。細くてくねくね曲がっていて、とにかく起伏が激しい。急な坂が次から次と現れてくるのだからたまったものではない。そのうち坂道も終るだろうと考えながら進みつづけるが、いっこうに変化がない。たかをくくっていたようだ。どう考えても自転車では無理な道だが、今さら引き返すのもしゃくなので意地になって重い自転車を押して進む。しかし、坂が急すぎて先へ進まない。一〇キロも進まないうちにへたばってしまう。バースでも疲労困憊になったが、今日はそれをはるかに超えるつらさ。それでも我慢して自転車を押して歩くが、五時間経っても走行距離は二〇キロにも届かない。気温も二十度を超える初夏の温度になってきて、汗が吹き出す。完全に消耗しきって、一〇メートル進んでは木陰にへたり込む。

こうなったら休憩を繰り返しながら、体力が戻るのを待つしかない。体温を少しでも下げるために頻繁に水を飲む。しかし、肝心のボトルの水も残り少なくなってきたので、大事をとって水を飲むのも我慢するしかない。

走行距離がやっと二〇キロを超え、息も絶え絶えになった頃、ようやく起伏が小さくなり始め、待望の下り坂が始まる。林に囲まれた小さな山道を一気に下り始めると突然眼前に湖が広がる。ウィンダミア湖だ。長さが一七キロ、幅が一・六キロほどのほぼ南北に延びている細長い湖。坂を下り切るとようやく道路の起伏がなくなったので安堵しながら、湖に沿った広い道路を北に進む。ボウネスの町から観光客でにぎわうウィンダミア湖に沿って少し進むとユースのあるトラウトベック・ブリッジだ。この辺りからまた急な坂道となる。休憩を繰り返しながら自転車を押して丘のふもとのユースになんとか到着。今日の走行距離はわずか三〇キロほどだったが、完全にダウン。四車線のＡ５９０を避けて、山の中の小さな道を選んだのが完全に裏目に出た。Ａ５９０をそのまま走っていればこんな苦労はしなくて済んだのだが、いまさら後悔してももう手遅れだ。地元の人のアドバイスに耳を傾けなかったことが大失敗の原因と反省。

五月九日　ウィンダミア

気温が二十四、五度にも上昇し、長袖シャツ一枚でも暑すぎるようになったので短パンにＴシャツ姿で過ごす。ようやく寒さが去って、待ちに待った暖かい季節になってきた。

ペンリス行きのことが頭から離れないまま辺りを散策しつづける

連日の厳しい走行のせいで、腹の回りがほっそりしてきて、ベルトがゆるくなってきた。そこでユースの担当者にハンマーと大きめのネジを貸してもらい、庭に出て、ベルトを地面の上に置き、ネジとハンマーを使って新しい穴を開ける。これでしばらくはなんとかしのげそうだ。

今まで何度もダイエットに挑戦してきたのだが、その都度失敗。そんな経験を繰り返してきたこともあって、自分には減量はもはや不可能という確信みたいなものができてしまっていた。それでも例外があって、自転車で海外を旅行すると体重は目に見えて減る。大喜びで帰国するのだが、喜びはつかの間、しばらくすると体重はもとに戻ってしまい、ビール腹を眺めては嘆息することの繰り返し。

雨や寒さ、坂道に苦しみながら長距離を走ることにはなんとか耐えられても、食欲を我慢することだけは完全にお手上げだ。そんなこともあって、ダイエットを成功させるのは至難の技としか思えない。

三キロほど離れたウィンダミア湖を眺めながら、ユースの近くを散歩。緑に覆われた丘陵地を歩くと細い道の両側には砕いた石を積み重ねた石垣が延びていて、その向こう側にはきれいに整えられた畑や羊たちの遊ぶ牧場が広がる。

年の半分は冬といってもいいほどの厳しい気候と起伏の激しい地形、これだけ過酷な条件の土地をたんねんに手入れできるというのはやはり勤勉な国民性があるからだろう。

明後日はいよいよペンリスに向かう。ペンリスはウィンダミアの北東に位置しているのだが、道路の関係でいったん南東のケンダルに向かい、そこから北に向かうことになる。交通量の多い道路を避け、脇道のサイクリング用のルートを走るので当然距離も増えてしまうし、山の中を通ることになりそうなので途中で道に迷ってしまわないか心配だ。

この辺りのルートでは宿の予約が取りにくいこともあって、あわてて一週間ほど先まで宿の予約をしてしまったが、一〇キロ進んだだけでグロッキー状態になった昨日の経験がトラウマになって、ペンリス行きのことを考え出すと不安に襲われて、憂鬱な気分になってしまう。

昨日は、途中で手持ちのミネラルウォーターがなくなったので水は余分に用意し、エネルギー不足になるのを避けるためにチョコレートなどの糖分のあるものを多めに持っていくことにする。いずれにせよ、もう覚悟を決めるしかない。

五月十日　ウィンダミア

ウィンダミア湖を眺めやりながら、中庭のテーブルの前に坐って朝食をとる。溢れる日の光とさわやかな風、新緑に包まれながらの贅沢な気分での食事だ。しかし、一昨日の悪戦苦闘した記憶がいまだに尾を引いていて、ペンリス行きのことを考え出すと気が重くなるばかり。

庭の片隅に吊るされた餌台を訪れる小さな野鳥たちの餌をついばむ姿を見ている時だけが不安な心

を忘れさせてくれる。
落ち込んだ気分を切り替えるために羊の遊ぶ牧草地を眺めながら石垣のつづく細い道を歩き回り、ユースに戻ると地図をにらみながらルートの検討をして過ごす。

五月十一日　ペンリス　当日：六一キロ　累計：一二八八キロ

今日はいよいよペンリス行きの日だ。うまく目的地にたどり着けるか、ずっとそのことが気がかりだったこともあって、よく眠れないままに朝を迎える。到着が真夜中になるのを避けるため、早めに出発。

ウィンダミアの町に向かって走り始めるときつい坂道がつづく。出発して間もなく早くも息が切れ始める。朝一番からこの調子なので、先が思いやられて気持ちがさらに落ち込んでしまう。

まともにルートを検討をしないまま、あわててペンリスの宿を予約してしまったが、もし今日のルートが三日前のような悪路だったら今日中にペンリスにたどり着くのは無理だ。安全を見込んでペンリスのもっと手前の辺りで宿を予約すれば良かったと後悔するがもう後の祭り。

南東方向に走りつづけて、なんとか中途の目標ケンダルに着く。出

緑の溢れる放牧場の先にはウィンダミア湖

発して、ずっと急な坂道ばかり走りつづけたので、道路脇のベンチに疲れ切った体を投げ出す。これからのルートのことを考えながら、重苦しい気分でぐったりしていると目の前に一台の車が止まり、男性が声をかけてくる。

「日本人ですか?」日本語で話しかけられたのでびっくり。

「この近くに住んでるんですよ」細身でスキンヘッドの四十歳くらいの男性で、後部座席には五歳くらいの可愛い男の子が乗っている。

「キースといいます。ケンダルで松濤館流の空手を教えてるんですよ。女房は奈良県の出身の日本人ですよ」と言いながら日本語の名刺を差し出す。その奥さんの名刺では自宅に日本人をホームステイさせたりする仕事もしているらしい。

ずっと不安な気分のままだったこともあって、地理に詳しそうな人物が突然出現して、地獄で仏とはこのことだ。さっそく、気になっていた今日の走行ルートについて相談する。

「そのルートで行くよりも大きな道路のA6の方で行った方がいいですよ」差し出した地図をしばらく眺めた後で答えが戻ってくる。

「A6は避けていた道路なんですが」A6は交通量が多そうなこともあって、最初から眼中にもなかった道路だ。

「いや、この道路は自転車でも心配いりませんよ。それに、ここを走れば途中で素晴らしい大パノラマが満喫できますよ」

　男性は、たまたま、そばを通りかかった顔見知りにも相談してくれるが、その人も地図を眺めながら「やっぱりＡ６の方がいいね」とＡ６を勧める。

　先日、地元の人のアドバイスを振り切って、ひどい目にあったばかりなので、それに従うしかない。覚悟を決めて、Ａ６で進むことに決める。

「ここからＡ６に行く途中には最近の大雨で一部交通止めになっている箇所があるけど、自転車なら問題なく通れるから心配ないよ」と聞かされて、少し気分が落ち着く。もっとも、今日の目的地まではかなりの距離があるので、気を引き締めて出発。

道を教えてくれたキースさんと男の子

　Ａ６を探しながら田舎の道を走り回る。細い道を進んでいると道の真ん中にコンクリートの障害物が置かれた場所に行き当たる。交通が遮断されている箇所とはここのことらしい。幸い辺りにはだれもいないので障害物の脇を通って先に進む。
　Ａ６もやはり起伏が大きいのだが、勾配がゆるやかな、長い坂道がつづく道路だ。先日のように傾斜の急な坂が短い間隔で繰り返し現れる道路とはだいぶ違っていて、なんとか走れそうなので胸をなでおろす。
　しかし、風がやたらに強い。それも向かい風なので前に進むのが一苦労だ。それでも、なんとか進んでいるうちに言われたとおり、左側には雄大な景色が広がり始める。この道路は湖水地方の東の境界線の辺りを通っているので、原野がはるか遠くまで延び、所々に丘と山がそそり立つ光景が広がり、西部劇の世界を思い起こさせる。

大きな起伏を繰り返しながら荒野を貫くA6を進む。強い向かい風に苦しみ、自転車を押しながら長い坂道を歩きつづける。しかし、いくら上っても頂上に着かない。疲れが出てきて、限界に近づいた頃、ようやくピークに到達。そこからは一転して長い下り坂となる。体全体で風を受けながら、待ちに待った大滑降だ。

道路脇の草むらで一休みしていると一頭の鹿が、こちらに気づいて道路の左側の木立の辺りを道沿いに逃げていく。しばらく休憩した後、走り出してふと草むらを見るとつぶらな瞳を大きく見開いたまま横たわった鹿が目に入って来る。その様子からすると車にはねられて間もないらしい。先ほどの鹿かどうかわからないが、命のはかなさが身にしみる。

坂道が終わり、平坦になった道路を走りつづける。ペンリスには午後六時頃到着。

ウィンダミアに滞在していた三日間は湖水地方の素晴らしい自然に囲まれていたのだが、ペンリス行きのことを考えるだけで不安感に襲われ、重苦しい気分で過ごしていた。それほど重くのしかかっていた目標がなんだかあっけなく達成できたこともあって、ささやかな開放感にひたる。

こじんまりした宿は新しくて清潔なのでなかなか居心地がいい。

オーナーは三十歳の自転車好きの人で、室内のあちこちに自転車をモチーフにした調度品が飾られていて、センスの良さを感じさせる。明日はカーライルの宿の予約をしているので一泊で去るのが惜しくなるような宿だ。

今日はずっと緊張しっぱなしだったこともあって、走っている間もまったく食欲がなく、ユースで用意してもらったランチを口にする気にもならず、オレンジジュース二リットルを飲んだだけなので、夜はゆっくり休んで体力を回復させることにする。

ホステルには自炊の設備のある所が多くて、宿泊客たちがめいめい持ち込んだ食材を料理する姿はおなじみの光景だ。


ペンリスに向かう途中には左手に雄大な光景が広がる

食堂のテーブルで食事をしながら、男性が料理するのを見ているといかにも手慣れた様子で、ブロッコリーなどをざくざく切っては鍋に放り込んだりして、豪快そのもの。まな板さえ使わずに果物ナイフみたいな小さな包丁で野菜などを鍋の上でそぎ切りしたりしている。これでまともな料理が作れるのかと気になるほどの大ざっぱさだ。
もともと、こちらの料理がいちいちダシを取ったり下ごしらえしたりしないものが多いらしいので、料理するのも男性にとってそれほどハードルが高くないのかもしれない。
イギリスでは外食に付加価値税が二〇パーセントもかけられているので料金がやたらに高い。たとえばパブだ。パブに行くのはイギリス人にとっては生活の一部にもなっているほど身近なものらしいが、最近はパブの客足が落ちてきているようだ。公衆の場での禁煙が義務付けられたことが人気低下につながったという説もあるが、やはり料金の高さが影響しているらしい。

イギリスは日本のように主婦が料理を全部分担してくれる国とも思えないし、外食するにしても日本のように気軽に美味しい料理が味わえる店もそう多くはない。スーパーなどで買う食品はぜいたく品をのぞいては付加価値税が免除されている上に、日本のように買ってすぐ食べられるような総菜や弁当などの品ぞろえはそれほど充実しているとも思えない。

そんなこともあってか、自炊の方がはるかに経済的になるので男性でも自分で料理するしかないらしい。

料理などまるっきり敬遠してしまう男性が多い日本と違って、こちらの男性にとっては自分で料理するのは常識みたいなものらしい。

第八章　国境の町を走る

五月十二日　カーライル　当日：三二キロ　累計：一三三〇キロ

出発して、A6を進む。キャルスウェイト辺りで、高速道路のそばにある小さな道に移動する。今日の目的地カーライルは三〇キロほどしか離れていないし道が平坦なので、気楽な気分で走る。

桜をいたるところで見かける。四月初めにロンドンで目にしていたのでひと月以上もの間、あちこちで桜を眺めながら走ってきたことになる。いかにも春といった陽気の中で見る桜はやはり心を浮き立たせてくれる。

街角を走っていると笑顔を見せながら話しかけてくる人に出会うことがある。イギリス人は知らない人にはあまり心を開かない人たちというイメージがあったのだが、開放的な感じの人が意外に多いような印象を受ける。田舎の一本道を久しぶりにのんびりと走り、昼過ぎにカーライルに到着。

カーライルはイングランドとスコットランドの国境近くに位置していることもあって、古くから双方で争奪戦が繰り広げられてきた所だ。小さくて静かな町だが、歴史的な遺産が多いこともあって、ここもやはり観光客が目につく。

町の中心部にあるカーライル大聖堂の近くのホテルに投宿。二十度を超える陽気となったので、久しぶりに洗濯したりして過ごす。

五月十三日　カーライル
昨日の好天気が一転して、少し寒さを感じる。今日は、近くの安ホテルに移動するだけなので、朝早くからインターネットを見て過ごす。その後、パソコンのスイッチをオフにしようとするが画面が動かない。正午のチェックアウトぎりぎりまで粘ってパソコンと格闘しつづけるが、時間切れで仕方なくそばの安宿に移動する。チェックインした後、さっそくそばのパソコンショップに行って、パソコンを見てもらう。店員が操作するとあっという間にパソコンが復旧したので、呆気にとられる。とにかくやたらにメカに弱くて、パソコンも満足に使いこなせないので小さなトラブルが起きただけでもいつもおろおろするばかり。まだカーライルの町の見学もしてないのにこんなことに奔走されるばかりでは時間がいくらあっても足りない。

宿は清潔でなかなか感じのいい所だ。同室には三十歳くらいの軍服姿の男性がいる。イギリス人としてはそれほど大柄ではないが、均整のとれた体つきをしている。

「東海岸の町から来たんだけど、名前はダン」

「軍隊にいるの?」

「いや、これはスーパードライの服だよ」こちらでは人気のブランド、スーパードライのミリタリールックの服を着ていたのだ。引き締まった体つきをしていたこともあって、軍隊勤務の若者と勘違いしていた。

「ここに来たのはカーライルの海岸から東海岸に近いニューカッスル・アポン・タインまで歩くためなんだよ。普段は、金属探知機を使いながら、あちこち歩いて地中の宝探しをしてるんだ。今イギリスの海岸に沿って歩いて周る計画を立てていて、今回はその練習のつもりなんだよ」

夕暮れのひっそりとしたカーライル城

さすがに鍛えた体つきをしているだけのことはある。自転車で旅するよりも歩く方がずっと体力的な負荷が大きいはずで、その体力には感心するばかり。
「サイクリングもジョギングにも興味はなくて、ただ歩くことが好きなんだよ」
「そう言えば、最近、バイキングが埋めた財宝がスコットランドで発見されたよね」探検家たちが金属探知機を使って地中から財宝を発見したニュースを思い出したので、話してみるとうなずく。イギリスにはダンみたいな財宝探しをやっている人たちが結構いるらしい。
夕方、近くにあるカーライル城を見学する。かつては激しい戦乱の舞台となった所だが、こげ茶色の壁に囲まれた城がいまはその役目を終え迫りくる夕闇に包まれて静かにたたずんでいる。

五月十四日　カーライル

今朝もダンと話をして過ごす。

「自分の住んでるフランボーは、イングランド北部の東海岸にあるんだけど、ちょうど海に突き出た半島みたいな所なので周囲から強い風が吹きつけてくるんだ。とにかく風がやたらに強くて無茶苦茶寒い所だよ」と話し出す。

「八月になったらイギリスの海岸沿いを歩いて一周するつもりにしてるんだ。合計すると六〇〇〇マイルになるかな。始めは南に向かって歩いて、暖かくなる頃に北に向かうルートだね。今日はカーライルの西の海岸まで歩いて行って、そこからまた歩いてここに戻ってくるつもりなんだけど、旅の予行練習みたいなもんだね」と言い残してダンは出かけていった。ダンは育ったのが寒い所なので寒さには強いらしいが、この気候の厳しい国を歩いて周るなど想像するだけでも気が遠くなってしまいそうだ。

外出して、宿の隣にあるカーライル大聖堂を見学。こげ茶色の落ち着いた雰囲気の大きな教会だ。あまりの寒さにポケットに両手を突っ込みながら歩いていると、半そで姿の人たちもいるのには驚く。

夕方、疲れた顔をしたダンがふらつきながら部屋に戻ってきて、そのまま大きな息を吐きながらベッドに倒れ込む。つらそうな表情だ。相当の強行軍だったらしい。驚いて「だいぶ疲れたみたいだね」

と声をかける。

「いや、パブでビールを十杯飲んで酔っぱらってしまったんだよ。最初の一〇マイルは二時間二十分の早いペースで歩けたよ。合計一五マイルほど歩いた後でパブに入って、まずビールを八杯飲んで、そこを出て歩いていたら「君を YouTube で見てるよ」と声をかけてきた人がいてね。その人が僕に一〇ポンドくれたんだよ。それで二軒目のパブに行って、その金でまたビール二杯を飲んだんだ」と平然とした表情で話すので、呆気にとられる。

落ち着いた雰囲気のカーライル城

ふらついていたのは歩き疲れていたせいではなくて、単なる酔っていただけだとわかって大笑い。

「じつはインターネットに自分のブログを持ってるんだ。YouTube の自分のサイトは三百万回視聴されてるんだよ」

その話が初耳だった上にそもそもただ歩いているだけの人物のサイトに大量のアクセスがあることを知らされて目を丸くする。

ダンは少し目立つことをやっているので、こちらではよく知られた人物なのかもしれない。とにかく、イギリス流のユーモアを地でいくような生き方をしている、屈託のなさそうな愉快な男だ。

「サイトを見てくれている人たちは地中の埋蔵物を探すことに興味があるんだよ。歩くことに関心があるというよりも宝探しに興味があ

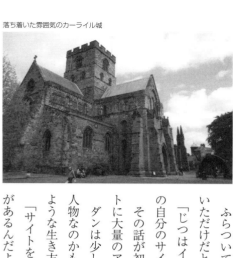

る人たちだね」

「その金属探知機はバッテリー駆動になってるの?」

「そう。だから宿で充電してるんだよ」と超特大のザックの中から金属探知機と八個のバッテリーを見せてくれる。

「明日は一三マイル歩いて、パブの隣の空き地にテントを張って、そこに泊まるつもりにしてるんだ。このザックには寝袋やテントが収めてあって、それを一輪車で引きながら歩くんだけど、金属探知機だけでも重さが一・五キロあるから結構重いよ」と一輪車を引いて歩く恰好をしてみせる。以前のヨーロッパ旅行でも一輪車を引きながら歩いて旅している人を見かけたことがあるし、日本でもベビーカーに荷物を載せて日本中を旅したことのある人と石垣島の宿で一緒になったこともある。世の中には歩いて旅している人が結構いるものらしい。

しかし、全部で二〇キロほどにもなる荷物を持って金属探知機で地中を探りながら歩いて旅をするなど、よほど忍耐強くて体力が強健でなければできないことなので、ただ感心するばかり。

しばらくすると「一緒にビール飲みに行こうよ」と誘われるが、明日の強行軍を考えるととても飲む気にはなれないので遠慮する。その後飲みに出かけたダンはまた外でビール二杯を飲んで戻ってきたが、とにかく無類のビール好きだ。

明日の目的地ベリングハムはカーライルから六〇キロ以上も離れた丘陵地帯にある町だ。このノーサンバーランドの辺りは緑に覆われた丘が広がって、トレッキングでは人気のある所だ。しかし、途中で山の中の小さな道を通ることになるので、ルートのことを考えているうちに不安に襲われる。ウィンダミアに滞在中もペンリス行きのことが頭から離れず、ずっと重苦しい気分で過ごしたばかりなのだが、こうたびたびルートのことで悩まされつづけるのでは、やはりイギリスは地形的に自転車旅行には厳しすぎる国としか言いようがない。

「明日、ノーサンバーランドに行くんだけどもこのルートはどうなんだろうね？」とダンに聞いてみると「そのルートは結構厳しそうだね」と真顔になって答えたので、ますます不安になってくる。

屈託のない表情の Deep Digging Dan

五月十五日　ベリングハム　当日：七四キロ　累計：一三九四キロ

昨夜から、ルートのことが気になって、うまく眠れないまま朝を迎える。いよいよ今日はベリングハムに向かうので緊張感で息苦しさを感じるほどだ。

朝八時過ぎ、ダンと別れの握手をした後、歩き始めたダンを見送りながら出発。道を探しながら走り始めたとたんに道がわからなくなる。途方に暮れていると前方に少しうつむき加減で足早に歩くダンの後姿を見つけ、さっそく声をかけて道を教えてもらって、あらためて出発。

ほぼ東に向かう幹線道路Ａ６９を進む。安全を考えて交通量の少ない道路を走りたいのだが、山の中で夜になるのが嫌なので遠回りするわけにもいかない。

白線が路面の端に引かれている道路が多くなる。もともと道路が狭くなっている上に路側帯のスペースがないに等しいので自転車にはやっかいな道路だ。この道路で困るのは坂道になった時だ。自転車が荷物で重くなっているので坂道では自転車から降りて、押しながら歩いて進むことが多くなる。しかし路側帯もまともにない道路を、車に体をさらしながら歩くのは怖い。こんな時には、なるべく道路脇の草むらを歩きながら、腕を突き出して自転車を支えて、自転車だけ道路の左端ぎりぎりの所を進ませるようにする。

高速で通り過ぎる車に冷や冷やしながら、四〇キロほど進み、グリーンヘッドという小さな田舎町に着く。この辺りは東西に延びているハドリアヌスの長城の東の端に位置しているので、ここからは長城に沿って、ほぼ直線の道路B6318をしばらく走り、途中から山の中を北に進むことになる。

町外れの坂道を自転車を押して歩いていると家の修理をしていた男性がいたので、地図を見せながらベリングハムまでの道を尋ねる。

「山の中の細い道を進むよりもその先のチョラーフォードまで行ってそこから北のベリングハムに向かった方がいいよ。このすぐ先に高い丘があるけど、それさえ越えてしまえば後はなんとかなるからね」と言われてルートを変更することにする。少し遠回りになってしまうが、やはりこの辺りの道路事情に詳しい現地の人のアドバイスは無視できない。

「うちで食事していったら」奥さんも顔を見せて声をかけてくれるが、先を急ぐのでペットボトル

ハドリアヌスの長城の駐屯地の跡

に水を詰めてもらって出発。なんとも親切な家族のアドバイスに感謝。

Ｂ６３１８を進み始める。左手には小高い丘がつづく。石を積み重ねて造った大きな土手みたいなものが見え始め、その辺りを歩く観光客らしい姿が眼に入ってくる。ハドリアヌスの長城だ。ローマ帝国がイングランドを支配した当時、北方に住む蛮族の侵入を防ぐためにローマ皇帝ハドリアヌスの命令によって築かれた歴史的な遺産だ。四、五メートルほどの高さの土塁が石垣で補強されている様子がはっきり見て取れる。

それを眺めながら、一〇数キロ走って、広い駐車場がある辺りに着く。ハウスステッズ・ローマン・フォート、長城に置かれた駐屯地の跡だ。ここは十七世紀頃、一時家畜泥棒たちが盗んだ牛や馬の隠し場所として使っていた所だが、農地にするために掘り起こしたところ遺跡が発見されたといういきさつがあって、長城の遺跡の中でも保存状況がいい所として知られている。大勢の見学者たちは道路から一キロほど先の丘の上まで歩かされている。疲れ切っていたので、歩いて小高い丘を上れる自信がなくて、しばらく迷うが、結局見学することにする。

他の観光客たちと一緒にぞろぞろと歩いて丘の上に上り、兵舎、穀物倉、トイレの跡らしい石積みの遺構を見て回る。しかし、当時世界最強の軍隊を保持していたローマ帝国が、気候が厳しく生産力にも乏しかった辺境の地の蛮族にてこずり、巨大な長城を築き、軍隊を配置せざるを得なかった理由がよくわからない。なんとも不可解に感じる。

東に向けてほぼ直線の道路を走りつづけ、やっとチョラーフォードに着く。ここでようやく北に方向を変え、B6320で北のベリングハムに向かう。緑に覆われた山や丘が幾重にも広がる風景の中をひたすら進みつづける。

夕方になって、ようやくベリングハムに到着。夜中にたどり着くのを心配しつづけていたこともあって、胸のつかえがとれた気分になる。ベリングハムは、民家が集まっただけといったような山の中の小さなひなびた町で、林業で暮らす人たちが多いらしい。農家が経営している小さなユースに泊まる。そばには店もないし、夜中もユースに一人だけで話し相手もいないのでなんとも味気ない。

この辺りでもソメイヨシノが満開だ。各地の桜の開花時期に合わせるようなタイミングで北上してきたので、少し得した気分になる。イギリスも結構広い国だ。

五月十六日　アニック　当日：五六キロ　累計：一四五〇キロ

今日は、北東方向にあるアニックに向けて走る。山の中のベリングハムから海の近くに向かって走るので、平坦な道が期待できそうだ。

ウェストウッドバーンに向けて細い道を進むが、起伏が大きい。A696を走ってエルスドンから

柵のそばに寄ってきて離れようとしない可愛い子羊たち

Ｂ６３４１に進むが、起伏が大きく、疲労が激しくなる。山の中だから坂道が多いのは当たり前だが、少し予想が外れてあわてる。あまりのつらさにウィンダミアに向かった日のさんざんな体験が脳裏をよぎり始める。あんな目にあうのは二度と御免なので祈るような気持ちになって、息を切らしながら必死に重い自転車を押して坂を上がってみるとその先にはまた新たな坂が現われる。

さすがにノーサンバーランドだけあって、緑の丘が幾重にも重なりながら延びている光景は見事としかいいようがない。しかし、坂道が多すぎて自転車には厳しすぎるのでゆっくり風景を楽しむ余裕もない。農家らしい家を時折見かけるだけで人の姿は見かけない。丘の上に広がる牧場に羊たちの戯れる姿を見かけるたびに立ち止まる。

羊の姿はいつも見かけているのだが、子羊たちの無心になって遊ぶ姿は何度眺めても見飽きることがない。子羊が何食わぬ顔をして母親の背中に乗っている姿を見かけるとあまりの可愛らしさに思わず笑みがもれてしまう。さっそく写真を撮ろうとするが、すぐに気づかれて、羊たちは一目散に逃げてしまう。

ある牧場のそばを通りかかると羊たちは逃げずにじっとこちらを眺めている。不思議に思っているとそのうち子羊六匹が柵に寄ってきて、柵の間から顔を突き出してくる。どういうわけか、ここの小羊たちは鼻先を触ったりしても怖がらない。飼い主が可愛がって育てているせいなのか、人見知りもしないで触られたがっている姿のなんとも愛くるしいこと。しかし、可愛らしさも極限になってくるといたいけないといった感じになってしまう。可愛らしさの中にどこかもの悲しさが伴ってくるのだ。短い命という運命も知らないままに無心に生きようとしている姿に哀れを感じるからなのだろうか。

生き物を前にしていると命のはかなさや尊さを教えてくれることもあってか、いつも自分の中の邪気を洗い流してくれるような感じがしてくる。そう考えてみると人間よりも動物たちの方がよほど人生に大事なことを教えてくれているようだ。

道端で休んでいるとイタチみたいな動物が反対側の草むらに姿を見せる。遠くからこちらをじっと眺めた後、時折立ち止まっては様子をうかがうようにしながら近づいてくる。一〇メートルほどの距離まで近寄ってきた後、突然鉄柵の向こう側へ逃げていった。なんとも奇妙な体験だったが、その可愛らしさにほほえましくなる。

そのうち大滑降が始まる。坂を下る時は爽快そのものだが、その楽しみもそれこそあっという間に終わってしまうのが残念。

ロスベリーを通り過ぎて進むが、依然として起伏が大きい。この辺りの道路はほぼ直線に延びているので、汗をかきかき重い自転車を押しながらようやく上り坂を上がってみると前方にはまた同じような上り坂が現れる。自転車を押しながら坂道を上っていると神の怒りをかって、大きな岩を山頂まで運び上げさせられ、頂上にたどり着くたびに岩が転がり落ちて、また同じ作業を永遠に繰り返さなければならないシーシュポスの神話の永遠の罰ゲームを思い出す。今日は道路が平坦と思い込んでいたのだが、予想に反して、自転車を押して進むだけになってしまって嫌気がさしてくる。頻繁に休憩をとっては疲れ切った体を少しでも回復させようとするのだが、気温が低いのでしばらく休んでいると今度は汗をかいた体が冷えてくる。そんなこともあって、長い時間休むわけにもいかない。アニックの手前五キロほどになって、ようやく上り坂が少なくなり、大滑降となる。

午後六時ごろ、やっとの思いでユースに到着。アニックは海から八キロほど内陸に入った所にある人口八千人ほどの小さな町だ。疲れをとるために、二泊することにする。

堂々たるアニック城の雄姿

五月十七日　アニック

四十代の小柄だががっしりした体格の刺青のある男性が同室だ。

「電車の工事の仕事の関係でしばらくここに滞在してるんだ」

「食事はどうしてるの？」

「ここで自炊してるよ」やはりこちらの男性は自分で料理するのは当たり前らしい。

いかにも春らしい陽気となった。町の中心から少し北にあるアニック城の見学に出かける。花壇が一面に広がるアニック・ガーデンという有名な公園のそばを通り、アニック城に向かう。今日は好天に恵まれ、公園は春の花々が満開ということもあって、城の辺りは観光客で溢れている。

アニック城はもともとスコットランド人の侵入を防ぐために十一世紀に造られたものだが、今でも一部はノーサンバーランド公爵家の住まいとしても使われている所だ。ハリー・ポッターの魔術学校の舞台など様々な映画のロケに使われたりしていて、結構有名な城らしい。城の居室に入ると壁全部を覆うように武器が並べられている様子はまさに武器庫そのもので、貴族にとっては自分の住まいが軍事基地だったことを教えてくれる。貴族の生活の一端をしのばせてくれる重厚な調度品や膨大な書籍に囲まれた部屋には、一族の愛用の品々も展示されていて、その中に「only dead fish swim with stream（死んだ魚だけが流れにまかせて泳ぐ）」という文章が刻まれた現代のものらしい置物があった。子供に与えたものらしいが、まさにノブレス・オブリージュ、貴族という特権階級には相応の重い責任が伴うということを教えた言葉だ。

貴族という身分は、そのきらびやかな生活ばかりに目がいってしまいがちになるが、政治の重責を負わされ、指導者として襟を正した生き方が求められ、いざ戦ともなれば命を差し出さなければならない。宿命とはいえ、重い責任を負わされる、気楽とはほど遠い、結構大変な身分のように思える。

相変わらず、イギリスの料理にはなじめないので、今日も持ち帰り専門の中華料理店に行く。イギリスには、どんな小さな町でもインド人経営のカレー料理のレストランや中国人が経営する持ち帰り専門の中華料理店があって、こちらではなくてはならないものになっているようだ。

イギリス人は味覚が発達してなかったりして、もともと食への関心が乏しいためなのか、器用さに欠けたりして料理のセンスがないためなのか、それとも階級社会のなごりが影響して調理人のような体を使う職業をいやしむような考え方があるのか、なにが原因しているのかはわからないが、いずれにせよ食という生活の重要な部分が外国人まかせになっていることには首をかしげてしまう。

五月十八日　ベリック・アポン・ツイード　当日：七一キロ　累計：一五二一キロ

朝九時、小雨が降っているが、海沿いの町ベリック・アポン・ツイードに向けて出発。A1が交通量の多い道路なのでこれを避けて、小さな道を探しながら進み始めるが、とんでもない方向へ向かっているのに気づき、あわてて引き返す。

なんとかロングホートンへ向かう道を見つけて進む。海から少し内陸に入った田舎の山道なので人に出会うことがない。

エンブルトンに向けて走っていると右手に海の姿がかすかに見え始める。久しぶりに眺める海だ。そこから、さらに進んでシーハウシズに着く。小さな町だが、海沿いの観光地らしく、観光客が目立つ。

海沿いの道路を進むにつれて、遠くにバンボロー城の姿が視界に入り始める。海に向かってそそり立つ岩山にへばりつくようにして建て

バンボロー城の雄大な姿を眺めながら通り過ぎる

られた巨大な城の姿。国境の近くになるのでこの辺りにはやはり城が多いようだ。先を急ぐので、城を見上げながらそのそばを通り過ぎて進む。

自転車で走っている時は常に前輪の前方の路面を見ているので、生き物の死骸をよく見かける。八年前にヨーロッパを横断した時は、当時異常繁殖していたのだろうか、路端に延々とハリネズミの死骸を眺めながら走ったものだった。ところがどういうわけか、四年前の旅でも今回も見かけることがない。車のライトにぶつかって昇天したらしい鳥の死骸は今回もよく見かけるが、大きな鳥が目立つ。しかし、なんといってもいちばん見かけるのはウサギの亡骸だ。

ウサギは、走っていると道端の草むらでこちらに気づいてあわてふためいて逃げ出す姿をいつも目にする。日本でおなじみのものよりもずっと小さくて、お尻の辺りが白い、可愛らしいウサギだ。そんなウサギが、あたかも打ち捨てられた縫いぐるみが土ぼこりにまみれたぼろ布になってしまったかのように、道端に転がっている姿を見かけるたびにウサギたちの命のはかなさが心にしみて、つらくなる。

ベルフォードからA1を走る。二車線の道路だが、車が速度を出す上に路側帯が狭いので走るのも冷や冷やだ。脇道に出たいのだが、道路が見つからないので嫌々ながらそのまま進むしかない。

ホーリー島が近づいてきた。干潮の時は本土とつながり、潮が満ちた時には島になる。ポランスキーの映画の舞台になった所なので少し見学してみたくなって、島に向かって進む。しかし、行けども行けども島らしきものが見えない。やっと標識を見つけるが、島は五マイル先との表示。引き返そうかと迷いながらもいまさら引き返すには惜しくなってそのまま進みつづける。ようやく視界が開けて島が見え始めるが、その姿ははるかかなた。どっと疲れがぶり返してきてあきらめる。

その後は道が平坦だったこともあって、午後四時頃にはベリックに着く。スコットランドとの国境から南に四キロほどの位置にある人口一万人ほどの町だ。ユースに荷物を置くとさっそく買い物がてら町の見物。

ツイード川にかかる橋を渡って古色に彩られるベリック・アポン・ツイードへ

ツイード川の辺りに立ち並ぶ、古くて壮麗な建物のたたずまいの見事なこと。もともとこの町はスコットランドに属していて、十五世紀にイングランドの一部となったこともあって、スコットランドの影響を強く残している町らしい。北の辺境ということもあって、町にはあまり期待していなかったのだが、歴史を感じさせるその重厚な町並みには少し驚かされる。

スーパーのレジで五〇ポンド紙幣を出すと担当の女性は上司の女性を呼んで、ペンみたいなもので紙幣の表面をなぞったりしてチェックし始める。紙幣のインクに含まれている磁気を検知して偽札を見つける機械だ。イギリスでは店での支払いは圧倒的にカードが多いので、差し出した高額紙幣を警戒されたらしい。

第九章　古城のほとり

五月十九日　エディンバラ　当日：一〇八キロ　累計：一六二九キロ

午前八時過ぎ、出発。

今日はいよいよエディンバラに向かう。エディンバラは旅の大きな節目にあたる町ということもあって、心が少し高ぶってくる。

今日の目的地エディンバラまではかなりの距離になるので、今日中にたどり着ける自信がない。ダウンしたら、そこで宿を見つけることにして宿の予約もしないままの出発だ。

四車線の道路を敬遠して小さな道路に進むつもりで道を探し回るが、いくら探しても見つからない。何度も人に尋ねて、やっとのことで一〇キロほど先の内陸にある町フォールデンに向かう道を見つける。とにかく道路が複雑すぎる上に道を尋ねても相手の言葉が理解できないので、気がつくと体中が汗まみれ。寒さを感じるほどの気温なので精神的な重圧感からくる汗だ。

田舎の道を八キロほど走ったところでスコットランドとの境界の標識を見つけて、スコットランドに入る。長い間、目標の地だったこともあってさすがに気持ちが軽くなる。

小さな道の周りには林が広がるだけで人影がない。林に囲まれた山道を進む。繰り返し現れる上り坂に苦しめられた後やっと長い下り坂となる。山の中から大滑降を満喫しながら海のそばのアイマスに降りる。

海の方を眺めると黒ずんだぶ厚い雨雲が辺りを押しつぶすように空を覆っていて、薄暗い。雨が今にも降り出すような気配だ。安全を考えてコックバーンスパス辺りで小さな道を探し回るが見つからないので、仕方なくA1を走る。A1は制限速度七〇マイル、一一三キロの四車線の道路で、日本では完全に高速道路だ。高速で疾走する車の群におびえながら走っているうちに精神的な重圧感で疲労困憊。

耐えきれなくなって横道にそれて小さな道路を走るが、途中で道が封鎖されて行き止まりになる。農地が放棄されて荒れ野になってしまった所らしく、辺りは荒涼とした風景が広がり、遠くに発電所が見えるだけ。大あわてになって道を探し回る。それからは道を見つけてしばらく走っては見失ったり、探し回ったりを繰り返しながら、ダンバーに向けて海沿いの道を進む。

今日はとにかく長丁場になる上に雨になるのが心配なこともあって、必至になって走りつづけ、ゆっくり休む暇もない。


雲の垂れ込める荒れ野の中で道を見失って焦る

今朝から、ほぼ北西に向かって走ってきたのだが、途中から西向きの海沿いの道路になる。ダンバーから少し内陸になる辺りをハーディントンに向かうが、そこまでの道の遠いこと。ペダルを必死になってこぎつづけるが、いくら走っても周りには荒涼とした光景がつづくだけ。ロングニドリーからは海沿いの道を進んでいると日が差してきたこともあって、それまでの荒涼とした光景が一変して、海の青と樹木の緑が織りなす、見事な風景が広がり始める。しかし、それもつかの間、やがて雨が降り出して、また陰鬱な光景に戻ってしまう。

本降りとなり、パーカに打ちつける雨音が大きくなる。二時間ほど雨の中を走っていると少し天気が回復してきたので一息つく。

海沿いにある町ポートシートンの辺りで、夕暮れが迫り気温も下がってくる。空が雨雲で覆われているので、いつもより暗くなるのが早い。しかし、エディンバラに近づいてきたこともあって、少し気持ちが軽くなってくる。

午後七時過ぎ、やっとのことでエディンバラに到着。市の中心部は五、六マイル先なので喜ぶのはまだ早い。一時止んでいた雨がまた降り出して、とうとう土砂降りになってしまう。全身びしょ濡れだが、今夜は宿の予約をしていないので焦りながらひたすら進む。そのうち、なんとか市の中心部の辺りにたどり着く。雨にすっぽり濡れそぼったエディンバラの中心部は闇に覆われ、街角だけが車のライトや店の明かりに輝いている。

雨が本降りになり、寒さもきついのだが、旅に出て、ずっと目標にしていた目的地になんとか着いたので開放感に満たされる。しかし、これから宿を探さなければならないが、そもそもホテルがどの辺りにあるのか見当もつかないので心細くなるばかり。

ビルの下で雨宿りしていた時、隣にいた若い女性に安宿のメモを見せながら「この近くのホテルを探してるんだけど」と話しかける。

「このホテルだったらそばにあるわよ」と言いながらそのホテルに電話をして、「すぐそばだからホテルまで連れて行ってあげるね」と親切にもそのホテルまで案内してくれる。親切な女性に出会って、一挙に気持ちが軽くなる。

ホテルまで連れて行ってくれた親切な女性

ホテルにチェックインした後、雨上りの町を歩いてみる。とにかく道が広くて重厚な建物の並ぶ大きな町だ。
民族衣装のスカートをはいた男性を見かける。気候の厳しいスコットランドでこのスカート姿でよく我慢できるものだと感心するが、下半身がどうなっているのか気になる。毛糸のパンツでもはいているのかもしれない。風が冷たくて冬服が多いが、いくら寒さに強いといってもTシャツ姿を見かけるとさすがに驚かされる。しかし、雨と寒さの中でも路上に坐ってお金をねだる若者の姿が目立ち、見掛けるたびに考えさせられてしまう。

五月二十日　エディンバラ

雨の中の強行軍がこたえて、今朝起きても疲労感が強い。町を歩き回る気力もわいてこないので買い物がてら宿のそばを散策するだけだ。

宿はエディンバラの中心オールドタウンの北側に位置するニュータウンの一画にある。宿を出てそばの広い通りに出ると北に向かってなだらかに傾斜する坂になっていて、その先には春の陽光を反射して輝くフォース湾が広がっている。

歩いていると風が冷たくて、辺りには冷気が漂っているという感じがする。コート姿が多いが、Tシャツの男性も見かける。この厳しい気候の国では、この程度の寒さにいちいち音を上げるようでは生きてはいけないらしい。

宿ではベッドに寝転んで地図と首っ引きで旅のルートを検討して過ごす。旅行前に一応旅のおおまかなルートは決めていたのだが、旅の残りの日数を考えながら少しずつ修正しなければならない。これからは、とりあえずアイルランドを回ってロンドンに戻ることだけははっきりしているのだが、道路の状況がよくわからないこともあって、どのルートを走るかで終日頭を悩ませる。

五月二十一日　エディンバラ

今日は土曜日ということもあって、滞在しているホテルは残念ながら満室。そこでインターネットでやっと見つけた近くのバックパッカーズに一晩だけ泊まって、またここに戻ってくることにする。

自転車を押しながら歩いて、公園の横を通り、小さな裏通りに入るとゴミが散乱して、すさんだ雰囲気になる。麻薬中毒者や酔っ払いがたむろしていそうで、スコットランドを舞台にして若者たちの無軌道な生態を描いた映画「トレインスポッティング」の世界を彷彿とさせる。

その一角の古ぼけた雑居ビルの薄暗い階段を上り、最上階にある今夜の宿に向かう。うす汚れてうらぶれた感じのするこの宿は今までのヨーロッパ旅行で滞在した中でも最底辺のレベルだ。周辺の安宿は全部満室でこの宿だけ空きがあっただけあって、リピーターがいるとも思えない。どう考えてもうさん臭そうな連中しか出入りしてなさそうだ。

なだらかな坂道の先にはフォース湾が広がる

宿には専用の自転車置き場がない。しかし、そのまま建物の外に置いたらすぐに盗まれてしまいそうなので、この辺りに自転車を置く気にはなれない。そこで少し離れた表通りの公園のそばにあった自転車用のポールにチェーン錠でつないでおくことにする。人通りが多いので、かえってこちらの方が安全なはずだ。

部屋に入ると二段ベッドが四組置かれた男女共用の狭苦しい所だ。下段のベッドが自分の居場所だが、首を極端にかがめないとまともに起き上がれないほどの窮屈さ。捻じ曲げるようにして体をベッドにすべり込ませて横たわると隣のベッドに若い男がいる。話しかけてみると台湾人だ。

「北海道に観光で行ったことがあるけど、いい所だね。とにかく食べ物が美味しくて、最高だったよ。日本は大好きだよ」と日本語が返ってくる。

「日本語はどこで勉強したの？」

「大学で一年間やっただけだよ」さすがにあまり難しいことは話せないが、一応様になった日本語だ。一年だけの勉強でもとにかく話せるのには感心。

「観光でこちらに来たの？」

「いや、仕事だよ。今までワーキング・ホリデイのビザでカナダやオーストラリアで調理の仕事をしてきて、今はロンドンで鉄板焼きのコックをしてるんだ」

「これからも海外で調理の仕事をやっていくつもりなの？」

「そうだね。そのつもりだよ」

大学を出て、海外でコックとして働いてるという面白そうな経歴の青年だ。

昨夜スーパーの場所がわからなくて街頭で途方に暮れていた時、日本語で話しかけてきて場所を教えてくれた人が香港出身の中国人で日本語が上手かった。中国語圏にはやはり日本語が堪能な人が多い。

「台湾には高い山がいくつもあって、しかも雨も多い国だけど、水道水がそのまま飲めないと聞いたことあるけど、どうなの？」

外国の水事情に興味があったので尋ねてみる。

「台湾では水道水はそのままでは飲めないよ。料理する時でも、水道水は野菜を洗ったりする程度で、レストランなどでは料理に使う水は特別に買ってきた水だよ。水道水がそのまま料理に使える日本みたいな国はあまりないよ」

日本は良質の水が豊富ということもあって、普段、水のありがたさを自覚することが少ないが、他の国の水事情は深刻だ。外国には、たっぷりのスープに麺を入れたラーメンやそば、ウドン、鍋料理の類の料理が少ないように感じるのは水事情が良くないせいなのかもしれない。

今までのヨーロッパ旅行では水道水は避け、もっぱらミネラルウォーターばかり飲んでいたのだが、それでも胃腸の具合がおかしくなるのはたびたびのことだった。腸のぜん動する様子が日本では経験したことのないものなので水が原因していることは間違いない。とにかく、こちらのミネラルウォーターには一口含んだだけでも味の違いがはっきりわかるものがあるほどだから、水で腹具合がおかしくなるのもうなずける。

イギリスはイングランドの辺りは硬水で、その他の地域は軟水だ。普段はミネラルウォーターしか飲まないが、手持ちの水がなくなったときなどは仕方なく水道水をそのまま飲むことがある。それでもこちらの水道水で胃腸の具合がおかしくなったりすることがないので他の国に比べるとイギリスの水事情はかなりいいように感じる。

しかし、ホテルで水道水を沸かして紅茶を飲んだりすると、カップに茶渋が濃くこびりついてしまう。これがいくら洗っても落ちないほどのしつこさだ。どういう加減でそうなるのかわからないが、どうやらカルシウム分が多いことが原因しているらしい。

もともと、こちらではビールは水の代わりと言われていることを考えるとやはりイギリスの水の質はいまいちといったことになるのだろうか。

午前中は冷たい風が吹きまくる。コートを着た人もいるが、やはりTシャツ姿の男性も見かける。Tシャツ姿でもポケットに両手を突っ込んで歩いている人も多いので、いくら寒さに強いといってもやはり寒さは感じているらしい。しかし、こうやたらにTシャツ姿の人を見かけるのはこちらの男性には寒さに強いことでマッチョぶりを誇示するような気風でもあるのかもしれない。

昼は、黒ビールにフィッシュアンドチップスそれにライスプディングのデザートだ。フィッシュアンドチップスは白身魚の厚手の衣のフライにフライドポテトと豆のペーストが付いている。料理は魚のフライでとくに目新しいものではないが、久しぶりに新鮮な魚が食べられたこともあって、満足。近くには寿司屋もあるが、日本のものとはほど遠い代物ということがわかっているので手は出さない。

午後三時を過ぎた頃から晴れ間が広がり暖かくなるが、夕方から冷たい雨が降り始める。今日も雨の路上に坐ってお金をねだる人が目につく。若い連中が多く、みな平然としていて深刻そうな顔つきは見かけない。

日本人だったら、いくら金に困っても世間体や自負心が先だって道端で見知らぬ人に金をせがむような行動はできそうにもない。物乞いが目立つのは、金に困れば余裕のある人に恵んでもらえばいいという合理的で直截的な考え方があるからなのだろうか、それとも困った時にはお互いが助け合うというボランティア精神が根付いているためなのだろうか。いずれにせよ、こちらの人たちは金のやり取りにはそれほど心理的な抵抗は感じていないらしい。

街頭でお金をねだる光景は今の日本ではあまり見かけないが、彼らの姿を眺めていて、つい思い起こされるのは先進国の中でも日本はかなり自殺率が高い国ということだ。

自殺という行動には複雑な要因が関わってくるので単純な言い方はできないのだが、日本人の場合は、もともと周囲の目を気にしながら生きているということもあって、物乞いをしてまでは生きていたくないという結論に結びつきやすいのかもしれない。

そう考えてみると日本人はもともと生に執着することに淡泊だったり、それともストレスへの耐性がそれほど強くないことが原因しているのかもしれない。いずれにせよ、そのことが生きがいにこだわるような、生きることの意味づけや生きるための精神的な支えを求めてやまない日本人の習性とどこかでつながっているような気がする。

五月二十二日　エディンバラ

今朝は、チェックアウトするまで台湾人青年と話をして過ごす。

「台湾では、普段は北京語で話してるの？」

「祖父母が台湾語しか話せないので家では台湾語を使ってるけど、学校や仕事場では北京語だね」

「台湾の景気はどうなの？」

「景気はまずまずといったところかな。でも、台湾の料理人の給料や勤務条件は、カナダやオーストラリアなどに比べるとかなり厳しいよ」

大学を出ても海外でコックの仕事を選ぶほどだから台湾の就職事情は結構厳しいのかもしれない。しかし、戦前の日本では、青年が海外に雄飛する夢を抱くのはありふれたものだったのだが、最近の日本ではこのタイプの人たちをあまり見かけない。とにかく海外旅行にさえ興味を失って、内にこもってしまったような若者たちが多くなっている現在の状況は民族のエネルギーが失われてきているような気がして、少し気がかりだ。

チェックアウトして一昨日まで泊まっていたホテルに移動する。穴倉みたいな所から清潔な宿に一変したので、下水道から這い出してきたドブネズミの心境になる。

午前中は晴れていたが、午後から気温も下がり激しい雨になる。こんな日に走っていたらずぶ濡れになって、さんざんなことになっていたと胸をなでおろす。

外出もできないのでホテルでこれから向かうアイルランドのルートを検討して過ごす。アイルランドは全体に起伏の激しい地形の国だ。しかもウィンダミアの惨憺たる経験がトラウマになっていて、アイルランド行きには不安がつのるばかり。

アイルランドのホテルは、ユーロ圏の上に暖かい観光シーズンになってきたこともあって、宿代が結構高そうだ。宿代が高いと走るルートにも影響してくるので少々頭が痛い。

とりあえず、北アイルランドのベルファストからアイルランドのダブリンまで走ることにして、状況を考えながら他のルートも検討してみることにする。

五月二十三日　エディンバラ

晴れ。疲れもとれてきて天候も回復したので、今日はやっと町の観光だ。

谷間にあるヴァイヴァリー駅の上にかかっている橋を渡り、オールドタウンに向かって南に歩く。辺りには重厚さに溢れ、富の蓄積を示威するような壮麗な建物が並んでいて圧倒される。

大きな岩山の上にそびえ立ち、エディンバラの町を見下ろしているエディンバラ城に向かう。歴代のスコットランド王の居城だった所だが、峻険な要塞だったこともあって威圧感に溢れている。入り口にずらりと並んだ見物客の後ろから城に入る。

中に入ると壮麗な宝物の展示などを眺めて歩く。まさにスコットランドに君臨し、権力の象徴だっただけあって、見事としかいいようがない。

威圧感に溢れるエディンバラ城

見学を終え、城を出るとなだらかな坂道がつづく。石畳の道の両側には土産物、パブ、レストランなどの観光客相手の店が立ち並び、にぎやかな雰囲気に包まれている。サブウェイでサンドイッチを食べ、その後は聖ジャイルズ大聖堂を見学して、ホリールードハウス宮殿まで歩く。

エディンバラの壮麗な町並みに接していると、厳しい気候と山がちの地形にもかかわらず、どうしてこれだけの富が蓄積され、高い文化が築かれていったのだろうかと不思議に思えてくる。

しかし、エディンバラの一見華やかな歴史の陰には悲しい話が隠されている。十八世紀、人口が過密となってきたため、居住環境が悪化し、貧しい人々は狭い部屋に密集するようにして暮らしていた。地下で暮らさざるを得なくなった人々もいて、この人々はとくに不衛生な状況に置かれていたのだが、そこにペストが発生。地下で暮らす人々は出入口を塞がれてそのまま生き埋めにされてしまう。これがいま歩いているオールドタウンと呼ばれている地区で起きた出来事だ。そのようなことがあって、今滞在している安ホテルのあるニュータウンが開発されたといういきさつがある。人々が生き埋めにされた地下室などが発掘され始めて、当時の状況がわかってきたらしい。歴史を振り返ってみると悲惨な話はどの時代にもいたる所に転がっているのだが、運命の無情さを思うと悲しくなってくる。

外を歩いていて気づくのは、道路の清掃や芝生の手入れなどをやっているのは若い人が多くて、中高年者や外国人労働者をあまり見かけないことだ。若者の物乞いがやたらに目立つことを考えるとスコットランドの雇用状況はかなり厳しいらしい。

宿に戻って食堂で食事。顔なじみになっているのは、サイクリングにやってきた七十歳くらいのノルウェー人男性で、完璧な英語を話す人だ。ロンドンの近くから来た八十歳くらいのお婆ちゃんもいる。この常連たちと軽い会話をかわしながらサンドイッチとバナナの食事をする。ノルウェー人は北国から来ているだけあって、寒さなど気にする様子がない。

お婆ちゃんは「普段からコンブやワカメを食べたりするのが好きなのよね。それに味噌を使った料理が好きで、ライスをミソで炒めて食べるのが大好物なんだけど、本当に美味しいよね」と同意を求められるが、こちらの人たちには海藻を食べる習慣がないと聞いていたのでちょっと驚く。

二人とも頭の回転が速くて、話題が豊富。かれらの英語は半分も理解できないが、コーヒーを飲みながら座談の輪に加わって、時を過ごすのが楽しい。もう少し英語が上手ければ会話が楽しめるのにといつものことながら不勉強を反省。

第十章　スコットランドの山を走る

五月二十四日　グラスゴー　当日：一〇一キロ　累計：一七三〇キロ

今日の目的地は一〇〇キロほど西のグラスゴーだ。かなりの距離になるし、交通量の多い道路を走るので今日中にたどり着けるか自信がない。不安な気持ちを抱いたまま、朝八時すぎに出発。

あらかじめ地図で調べて進む道路を決めていたのだが、住宅が立て込み、道路が複雑なこともあって、走り出したとたんにどこを走っているかわからなくなる。コンパスを使っておおまかな方角を確認しながら、とりあえず西の方角を目指す。

そのうち自然の森をそのまま残したような公園に入り込んでしまう。鬱蒼とした森が広がり、清流が流れる見事な公園だが、人影がない。あわてて出口を探しながら、川のほとりの細い道を進み、なんとか公園の外に出て安堵する。

やっと人を見つけてグラスゴーまでの道を尋ねる。「グラスゴーはここから四〇マイルも先なんだよ。それ本気で言っているの？」と繰り返した後、呆れたような表情をしながらも方向を教えてくれる。

しばらく進んでクリーという辺りで自分の位置を確認する。西に進んでいるつもりが、予想よりもかなり南の方に向かっていたので、少し北へ方向を変える。そのうち道が平たんな一本道になってきたのでその後は順調に進む。

ところがリビングストンにたどり着くと様相は一変する。近代的な感じの町で道路が複雑すぎて困惑するばかり。次々と現れるロータリーを通り過ぎるのに一苦労。

地図を眺めても、どこにいるのかわからない。何度も道を尋ねるのだが、そもそも相手の話す言葉が理解できないのでお手上げ。あっちに行ったり、こっちに来たりの繰り返し。気が付くと大学の構内まで入り込んでしまったりしながら、エイドリー、コートブリッジまで進む。

グラスゴーに近づくにつれ、道路がまたもや複雑になる。アッディンストン辺りからラザーグレンまで進んだ辺りで、大きな道路に入ると目の前を猛スピードで走る車の群れに仰天。いつの間にか高速道路に入り込んでしまったのだ。大あわてで道路脇の植え込みに自転車を運び、茂みをかき分けながら逆戻り。高速道路の入り口に戻って胸をなでおろす。

しかし、依然として進む道がわからない。汗だくになりながら、道を探してロータリーの辺りを移動していた時、前輪がパンク。パンクに強いタイヤを付けていたのに、二回目のパンクはさすがにショック。辺りは人影のない寂しい町外れだ。道がわからず、いったいどこにいるのか見当もつかない。もう「泣きっ面に蜂」だ。修理しようにもそもそも空気入れも持っていない。

こうなったらグラスゴーまで歩くしかない。グラスゴー目指して自転車を押しながら歩いているとサイクリング中の青年から声をかけられる。

「どうしたの？」

「パンクしてしまったんだよ。この近くに自転車店はある？」

「もう午後五時半を過ぎてるからね。残念だけどこの辺りの自転車店はもう閉まってるよ。でも、このすぐそばに鉄道の駅があるから、グラスゴーまでは電車で行けばいいよ。電車に自転車も乗せて運べば大丈夫だよ」とアドバイスしてくれる。

そこで、駅まで自転車を押しながら歩き始めるが、辺りは相変わらず人影がない。カーマイルという小さな無人駅を見つけ、ホームに入るがやはり人は見かけない。しばらく待つが夕方になったので、これから宿も探さなければならない。そう考えているうちにじっとしているのがつらくなる。グラスゴーまでは一〇数キロほどしかないので、こうなったら歩いた方が早いと電車を待つのをあきらめて歩くことにする。

自転車を押しながら歩き始める。幸い道は平坦なので、時速五キロほどのペースだ。大きな郊外型のスーパーの前を通りかかると、駐車場に従業員がいるのを見つけたので「ここに自転車店はあるの？」と尋ねる。ところが相手の言っていることがまったく理解できないのでとりあえず店に入ってみることにする。

カウンターのそばにいた若い女性従業員に「ここに自転車店はあるの？」と尋ねると女店員がレジ

の近くまで連れて行って、そばの棚からバッグを取り出そうとする。

どういうことか意味がわからず、しばらく頭をひねっていると店員はどうやら、bike（自転車）をbagと聞き間違えたらしいことに気づく。あらためて、説明しなおすと自転車用品のコーナーに案内してくれるが、自転車部品が並んでいるだけ。結局、修理はあきらめる。

とにかく、毎日何度も人に道を尋ねるのだが、こちらの人たちの話す英語がさっぱりわからない。いつも英語とは思えない言葉が返ってくるだけだ。相手はこちらが話すことは理解しているらしいのだが、相手は手加減しない、いつもの調子で話してくるので、どうにもならない。真剣に受け答えしてくれる相手にも失礼になるので、いかにもわかっている振りはするが、あくまでも振りだけだ。

イングランドでの体験だが、道を尋ねると相手がしきりに「アイル」という言葉を繰り返すのに困惑したことがある。相手は「isle」つまり「island」、「島」という言葉を口にしてるらしいのだが、まったくその意味がわからず、頭をひねるばかり。後で調べてみると「island」には「島」の他に「路上にある島状の構築物、安全地帯」という別の意味もあることがわかる。「isle」とは、つまりこちらでいうラウンドアバウト、日本でいうロータリーのことだ。発音以前にもこの種のわけのわからないことがたくさんあるので外国での意思の疎通はとにかくやっかいだ。

結局一〇数キロ歩いて、午後九時過ぎにようやく市の中心部に到着。宿の予約もないので不安になりながら、ノートにメモしていた安宿を探し回る。

クライド川沿いを歩きながら宿を探しつづけ、目星をつけていた安宿を見つける。さっそく飛び込むと空室があったので胸をなでおろす。グラスゴーの中心部に近くて、想像したよりも大きくてきれいな宿だ。

食事のため外出。朝はサンドイッチ、昼間はチョコレート、バナナ、サンドイッチを食べた程度でまともな食事をしてなかったので、レストランで食事をするつもりだったのだが、残念ながら店はもう閉まっている。またもやサブウェイのサンドイッチで我慢するしかない。

五月二十五日　グラスゴー

今日はまず自転車店でパンクの修理をしてもらうことにする。

ホステルの前の大通りを北に進むと近代の勃興期の勢いを思い起こさせる、古くて壮麗な建物が立ち並ぶ町の中心となる。

グラスゴーは、産業革命の時代に隆盛を極めたスコットランド最大の町だ。王族の宮殿を中心として、歴史と文化の香りを色濃く残すのがエディンバラとすれば、グラスゴーは経済活動でイギリスを支えてきた逞しさを感じさせる町だ。グラスゴーの気候や地形は経済活動に適しているようには思えないが、それにもかかわらず、産業革命を実現できたのは、知的探求心と克己心に富む人々を多く抱えていたからこそとあらためて感心するばかり。

大通りを進んだ所に目指す自転車店を見つける。さっそくパンクの修理とブレーキ部品の交換をしてもらう。日本でパンク修理をする場合は、チューブの穴を見つけてその箇所にパッチを貼るのが普通だが、こちらはチューブを丸ごと一本交換するという大胆なやり方だ。パンク箇所を確認してみると、タイヤに工事用の大きなステープルが刺さっている。これではいくらパンクしにくいタイヤでもさすがにパンクは防げない。

町を見物しながら宿に戻る。昨日はまともな食事をしなかったので、中華のテイクアウトを部屋に持ち帰る。牛肉と野菜の炒め物だが、ライスがどんぶり大盛り二杯分ほどもある。

旅行中は、食べたいものがないこともあって、時々カレーライスを食べるのだが、残念なことにライスがいつもインディカ米ばかり。ぱさぱさしてどうにもうまいとは思えず、米を食べているような気がしなかったのだが、今日のはカリフォルニア米らしくて、やたらに美味しい。日本にいる時にはとても食べる気にならないほどの大量のご飯だが、久しぶりにまともな米が味わえるとあって、いつのまにか全部平らげてしまう。やはり日本人にとっては米は特別の食べ物だ。

トムというオーストラリア人の青年が同室だ。

「観光旅行してるの?」

「そう。もう二カ月もヨーロッパを旅しているよ」

「仕事はなにやってるの?」

「バーテンダーさ。将来は店を持ちたいんだけどね。酒を集めるのが趣味でね。自宅には日本酒のコレクションも持っているよ」と言いながら、大型のザックからトラピストで作られたビールの小瓶などをさも大事そうに取り出しては次々と見せてくれる。あたかも骨とう品でも扱うような手つきがいかにも酒を愛してやまないといった感じ。

「ビールが好きなの？」

「大好きだね。自分で、ビールの醸造もやってみたいんだ」と語るほどのビール好きだ。

同室には、スペイン人とウェールズ出身の若者のコンビもいる。どちらもミュージシャンだ。ウェールズ人がドラマー、スペイン人は学校で音楽を専攻している本格派で、目の前でギターを弾いてくれる。三人とも若いせいか、皆和気あいあいとしていて室内はなごやかな雰囲気に包まれる。三人の若者と話していても年齢の差を感じない。年の差のある日本人が集まるとお互いが年齢を意識して、自然に上下の序列が作られ、それが壁になって、うちとけた雰囲気になりにくいのが常だが、こちらの若者にはそれがない。

三人の英語にはついていけないが、片言の英語で話しているだけでも楽しくなる連中だ。

五月二十六日　グラスゴー
ロンドンへ出発する若者二人と握手してお別れ。短いおつきあいだったが、純粋さが透けて見えるような、いつまでも記憶に残る青年たちだった。
午前中はトムと一緒に歩いて町の見学。背が高くて足が長いトムが大股で歩くのでついていくのが大変。トムはレストランやバーに入ってはメニューをにらみながら品ぞろえや値段を細かくチェックしている。

酒屋に入って店員に酒のことを熱心に質問している様子を眺めているとビジネスに真剣に取り組んでいるプロという感じ。高級品を取りそろえた酒屋に入ると棚には名前すら知らなかった日本の酒造メーカーのウィスキーがスコッチと一緒に並べられていて、結構いい値段が付いている。日本製のウィスキーが海外では高い評価を受けているのを知ってはいたが、スコッチの本場でのことなのでさすがに驚く。

午後遅くなって、またトムと町の散策。肌寒くて、歩いている人にはやはり冬服姿が目立つ。「The Pot Still」という地元では有名なバーに入る。百年以上も前に創業された、こじんまりした店だ。壁には天井まで何段もの棚があって、ウィスキーがずらりと並べてある様子は壮観そのもの。六百種類ほどあるらしい。トムはバーテンダーから手渡されたウィスキーのリストをしばらくにらむようにして目を通して、やっといくつかのボトルを選び出す。そして栓を開けたボトルに鼻をかざして、しっかり匂いを嗅いだ後にようやく飲む銘柄を決める。その後は真剣勝負をするかのような表情でウィスキーを舌の上で少しずつころがすようにして味を確かめる。

地元の名店「ポットスティル」の客たち

ラフロイグのシングルを飲みながらトムが酒を味わっている様子を眺めているとそのこだわり方はまるで酒の鑑定家だ。もともと自分は

酒の味がよくわからないこともあって、さすがにプロだと感心しながらもその情熱には少し理解を超えたところがあって、若干こっけいな感じがしないでもない。

帰る途中でキャラメルをチョコレートでくるんだ菓子、スニッカーズを購入。走っていると食欲がなくなってしまい、食べ物を口にしないことがある。そんな時、怖いのはエネルギー不足に陥ってダウンしてしまうことだ。それを避けるためにも甘いものはエネルギー補給には欠かせない。

夜、トムと一緒に夕食に出かける。小雨が降っているが、街角にはやはり路上に坐って金をねだる人たちの姿。

パブに入る。本来のパブはもっぱら飲むだけの店らしいが、この店はレストランも兼ねていてメニューも豊富だ。最近はこの種のパブが多くなっているらしい。

パブの名称の由来は、Public House からきていて、もともとその地域の社交場みたいな役割をはたしていて、イギリスにはなくてはならない社会の必需品みたいなものだ。

年代物の木造の内装で飾られたパブの店内はアンティークな雰囲気に包まれていて、どの店も一様に薄暗い。店の奥にカウンターがあり、その奥の壁には大きな鏡、その前にはグラスや酒瓶が並ぶ。カウンターにはハンドポンプといわれる装置があって、これでグラスにビールを注ぐ。客たちが談笑しながら、立ったままで一パイント（568ml）のビールの入ったパイント・グラスを傾けている姿はパブではおなじみの光景だ。

世界的に飲まれているビールは、ラガービールだが、こちらではエールがほとんどだ。発酵の仕方に違いがあって、ラガーがのど越しや口当たりの良さが売りものなら、エールは色が濃くて濃厚な味で、あまり冷さないで飲む。こちらではいちばん好まれているビール、エールの一種ビターに時折チャレンジしてみるが、飲みなれてないせいかやはり少し手ごわい感じがする。

店でカレーを食べるが、味はなかなかのものだ。飲み物が付いて六ポンドほどだから、こちらの物価を考えるとかなり良心的だ。グラスゴーはエディンバラに比べると物価はかなり安そうだ。

料理が口に合わないこともあって、時々カレーを食べるのだが、困ったことにこちらのカレーはほとんどがチキンカレーかラム肉入りになる。日本のようにビーフやポークのカレーが見当たらない。チキンが苦手なので仕方なくラム肉入りにするのだが、これまた弱ってしまうのは食べていると毎日のように眺めている子羊たちの戯れる可愛い姿が脳裏に浮かんでくることだ。いつも心の中で手を合わせるようにして食べているのだが、それでもやはりつらい。

同室には、インド人の学生の他に、四十歳くらいのやせ形の男性がいる。この男性はこちらが挨拶しても返事が返ってこないので、少し不気味な感じがする。やはり狭い室内で会話もなしで見知らぬ人間と一緒にいるのは重苦しい雰囲気になって少々つらい。しかし、しばらくして相手が話しかけてきたので緊張がほぐれてホッとする。健康関係の器具の販売でグラスゴーにやって来たイスラエル人とのこと。

五月二十七日　グラスゴー

明け方近くなって、泥酔して部屋に戻ってきたインド人学生が大声を出して騒ぎ出す。それを無口なイスラエル人が厳しい口調で叱責する。相部屋ではこの程度のことは珍しくもないが、夜中なのにいい迷惑と思っているとそのうちトムが帰還。

「明け方まで六、七軒はしごして飲んでいた」とのことでびっくり。

曇りで外を歩くと肌寒い。昨日トムと町の探索中に見つけた店に行く。中央駅のそばの小さなレストランだ。地元では人気の店らしく、昼食時ということもあってカウンターの前には行列ができている。

ハギスを注文。羊の内臓などを使ったスコットランドの名物料理ハギスを一度食べてみたいと思っていたからだ。出てきた品は羊の肉とチョリソなどを直径一五センチ以上もあるベーグルにはさんだもので、つけあわせにはポテトがついている。残念ながら本来のハギス料理とは違ったものらしいが、なかなかの美味。

午後、カナダ人の青年が同室となる。温和な感じのやせ形の男性だ。

「カナダで鉱山開発の仕事をやってるんだ。ケベックの町から二千キロほど離れた、北の荒れ野にキャンプしてニッケル鉱床を探査する仕事でね。毎日十一時間の労働を二週間やってはケベックに戻って二週間の休暇を取ることの繰り返しなんだよ。冬には気温が零下四十度になったり、北極グマとかにも遭遇したりして、結構大変な仕事だよ」

「それにしても厳しそうな仕事だね。野性のクマにも出会ったりするって、なんだか怖そうだし。でもグリズリーと違って、ブラックベアは可愛いよね」

「ブラックベアはすぐそばで見たこともあるけど、全然怖くはないよ。相手も普段は人間を恐れているので心配はないよ。ただ、子連れの場合は危険だけどね」

「観光に来たの?」

「フォート・ウィリアムまで百数十キロほど山の中をトレッキングするつもりなんだ。できればスカイ島にも足を延ばしたいんだけどね」

フォート・ウィリアムはグラスゴーの北にあるアウトドアでは有名な所だ。かなり厳しい旅らしいが、普段から北の荒れ野で仕事しているだけあって、根っからのアウトドアの愛好家という感じだ。

「ところで、日本の東北大地震が起きる直前、ニュージーランドでも大きな地震が起きて日本人が大勢亡くなったことがあったよね。その地震が発生した時、僕はクライストチャーチに滞在していたんだよ。ホテルの四階にいた時、地震が起きて、五階にいた人たち四人が亡くなってね」とスマートフォーンで崩れ落ちた教会が土煙に包まれている画像を見せながらその時の様子を語り始める。

「映画の『ロード・オブ・ザ・リング』のロケ地になっていたので興味があって訪れたんだけどね。地震の後は命からがらでその場から逃げ出して、軍隊に保護されてね。パスポートも失くしてしまったので特別に発給してもらって帰国したんだけど、空港ではそのパスポートを見た担当者たちはよく生き残ったものだと皆涙ぐんでたよ」アウトドアに普段から慣れ親しんでいる人らしく、冷静な語り口だ。

「日本に興味があってぜひ訪れたいと思ってるんだけど、どこかおすすめの所はないのかな?」

「君みたいなアウトドア・スポーツの愛好者だったら、熊野古道がいいだろうな。山の中を歩きながら寺を巡るのだけど、君にはうってつけの旅になると思うよ。京都や奈良も近いしね」

インターネットで調べた画像を見せながら説明してやると興味を持ったらしくて「ぜひ訪れてみたいな」と語る。

これからは、グラスゴーの南の港町ストランラーからフェリーで北アイルランドのベルファストに向かうことになる。ただストランラーに行くまでが山の中を走るので結構やっかいなルートだ。グラスゴーの南は山が多くて長い距離は走れそうにもないので、とりあえず明日は南西方向の海岸にあるプレストウィックまで走り、そこで一泊した後、南の海岸部のウィグタウンまで進み、一泊した後に西北のストランラーに向かうことにする。途中のユースは残念ながらどこも満室なので一般のホテルに泊まるしかない。疲れが出てきた辺りに適当な宿があればいいのだが、山がちの地域ということもあって、ホテルの数もかぎられて宿探しも大変だ。それでもインターネットで宿を探しまくって、なんとか予約がとれたので肩の荷がおりたような気分になる。

五月二十八日　プレストウィック　当日：八八キロ　累計：一八一八キロ

朝七時半出発。クライド川沿いの近代的な施設が立ち並んでいる辺りを通り、ベルズ橋を渡って、南へ進む。途中でペイズリーまでの道を尋ねると「ペイズリーだって？　ペイズリーまでいったい何キロあると思ってるんだよ」とあきれたような顔をされる。

ペイズリーは途中の町にしかすぎなくて、今日の目的地プレストウィックははるかその先だ。それを口にしてしまうと相手から「クレイジー！」と言われそうなので、本当の行先は口に出せない。

適当な道が見つからないので嫌々ながら四車線の道路A761を走り始める。ところが制限速度が三〇マイルとゆるやかな上に町の中を通っている道路なので、予想とは違って、怖さは感じない。おまけに土曜日ということもあって、車が少なく走りやすい。ペイズリー、ジョンストン、ロックウィノック、ビースと田舎の町を走り抜ける。起伏も少ないので順調に走りつづける。キルウィニング、アーバインと海のある方向に向けて進む。アーバイン辺りで道に迷ったので自転車に乗った男性に尋ねると「しばらく道案内してあげるよ」その男性が先導してくれる。

先導してくれた朴訥とした男性

「スコットランドの北は最高だよ。行かないの？」

最初の計画ではスコットランドの北の端まで行くつもりにしていたのだが、寒さと坂道の多さに嫌気がさしていて、今さら北に向かう気にはなれない。

「仕事はなにやってるの？」

「ずっと製材所で働いて、いまはリタイアしたよ」自転車が趣味の職人気質をにじませた朴訥な感じの男性だ。

雑談しながらしばらく進んだところで道を教えてもらってお別れ。

その後は順調に走って、プレストウィックに着く。今日は道路が平坦だったこともあって、楽に走れたようだ。小さな町を通って郊外に進むとまったく人の気配がない。うら寂しい空港に面した通りを進み、林の中にホテルを見つける。立派なホテルだが、静かすぎて辺りには寂寥感が漂うばかり。

チェックインを済ませた後は明日の強行軍のためにさっそく食料の買い出しだ。

「この辺りには、店なんかないよ。店だったら空港の向うの町に行くしかないよ」とのことで、また空港の周りを回るように人影のない道路を走って、小さな町に出て、食料品を買ってホテルに戻る。ここの空港はやたらに広々しているのだが、便数が少ないらしくて、人影がなく荒涼とした感じがする。プレストウィックには全英オープンが開催されていた大きなゴルフ場があるのだが、にぎやかさとは無縁の静かな田舎町だ。

いよいよ明日は山の中の道を進むので緊張で体中が張り詰めたような気分。山の中を進むのも大変だが、問題は山のそばまでどのルートで向かうかだ。そこでホテルのスタッフに道を尋ねる。

「ウィグタウンに行くにはどの道路がいいのかな？」

「ウィグタウンまで自転車で行くなんて本気で言ってるの？　ここからウィグタウンまではとんでもない距離になるんだよ。アップダウンが激しくて、車で行くのだって大変な所なのに」と目を丸くして絶句してしまう。

「本当に自転車で行くつもりなの？」呆れたような表情をしながら、何度も確認される。

「もし行くとしたらA77になるけどね」

「A77は交通量が多そうだよね。海沿いのA719の方が車が少なそうだけど、どちらがいいのかな？」とあらためて質問するが、相手は、ウィグタウンまで自転車で行くなど正気とは思えないといった表情をするばかり。その顔つきを見ていると本当にウィグタウンまでたどり着けるかこちらまで心配になってくる。

五月二十九日　ウィグタウン　当日：九一キロ　累計：一九〇九キロ

今日はいよいよ南岸の町ウィグタウンに向けて走る。

昨夜までは、安全を考えて交通量の少なそうな遠回りのルートを考えていたのだが、夜中までに確実に目的地に到着したいので少し危険が伴ってもやはりA77を走るしかない。とにかく日が暮れて山道を走ることだけは避けなければならない。

ホテルを午前八時に出発。A77に入るとやはり重圧感がすごい。少しでも早く通り過ぎてしまいたいので必死に走りつづける。そもそも車が高速で走っているので道路の脇でゆっくり休憩する気にもなれない。

なんとか走りつづけて、クロスヒルという小さな村に着く。今日の第一関門だった山の近くまでたどり着いて一息つく。いよいよこれから山の中の道を走るので緊張で体が引き締まる。ひなびた小さな食料品店で道を尋ねると「とにかく店の前の道を南へずっと進みなさい」と教えられる。

道を進み始めると起伏が激しくなる。小さくて、曲がりくねった道の両側には砕いた石を積み重ねた石垣がつづき、その向こう側の丘の斜面には放牧された羊や牛が草を食べるのどかな光景が広がっている。

気温が上昇してきて、暑くなる。強い日差しを浴びながら坂道を進むが、傾斜が急なので荷物で重くなった自転車ではとても走れない。自転車を押しながら、少しずつ坂を上っていくしかない。山の奥まで来たらしく車もほとんど通らない。少し進むたびに休憩を繰り返す。疲れ切って道端で休んでいると時折ロードバイクに乗った連中が現れては「大丈夫か？」と体調を確かめるように声をかけてくる。日射が激しく、傾斜の急な山道なのでへたばってないか気を配ってくれているようだ。消耗し切ってダウン寸前なのは間違いないが、ここはなんとか歯を食いしばって耐え忍ぶしかない。

ロードバイクの連中は、持ち運ぶものといったらせいぜい水を入れたボトルだけの身軽な姿なのが、なんともうらやましい。

山の中を細く延びる一本道を上りつづけた後、やっと下りが始まる。降りたところにぽつんと一軒の農家があり、その前に立っていた女性が声をかけてくる。

待望の下り坂が始まる

「この辺りは、この先の曲がったところに村がある程度でずっと民家はないからね。言っとくけど、この道はこれから先はずっと上りになるからね。水はあるの？」上りがつづくと言われて気落ちした表情をすると「しまった！　余計なこと言わなきゃよかった」と舌を出すような顔になる。

「この先の町はニュートンスチュワートになるけど、ここからはまだだいぶ距離があるから、そのつもりでね」と言われて、覚悟を決めながら進み始める。

しばらくするとまた上りとなり、壁のようにそそり立つ山肌を見上げながらそのふもとの曲がりくねった小さな道を延々と上りつづける。疲労が激しいので頻繁に休みをとりながら、ゆっくり進むしかない。

一時間に四キロの速度で自転車を押して歩いても日陰を見つけては休憩を繰り返すので時速は四キロを大幅に下回ってしまう。この調子では夜中までに目的地に着くのはどう考えても無理だ。もう完全にお手上げだ。

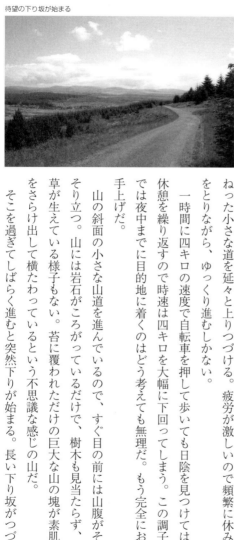

山の斜面の小さな山道を進んでいるので、すぐ目の前には山腹がそそり立つ。山には岩石がころがっているだけで、樹木も見当たらず、草が生えている様子もない。苔に覆われただけの巨大な山の塊が素肌をさらけ出して横たわっているという不思議な感じの山だ。

そこを過ぎてしばらく進むと突然下りが始まる。長い下り坂がつづくとは予想していなかったこともあって、うれしさのあまり思わず歓声があがる。なんとか今日中に目的地に着けそうな気配になってきたのでとたんに元気を取り戻し、一気に下る。さらに進むと道が平坦になり、民家が見え始めたと思っているとニュートンスチュワートの町だ。もうこれでなんとか目的地にたどり着けると意気揚々といった気分になって、小さな町の交差点を通過しているとパトカーに呼び止められる。一瞬、何事が起きたのかわけがわからず、パスポートの提示を求められるのかと緊張していると「Tジャンクションでは前方で車が停止したら一時停止だぞ！　わかったか！」ときつい調子で注意されたのであわてて平身低頭で謝って、なんとか放免。

町を通り過ぎて、ゆるやかな起伏の道を走りつづける。

午後七時近くになって、やっと念願の目的地ウィグタウンに到着。朝から不安だらけで走りつづけていたこともあって、喜びのあまり飛び上がりたくなるような気分。山を下りた後は目的地に着きたい一心で休憩もとらないまま走りつづけたので予想よりも早めに着いたようだ。

ウィグタウンは短い通りにいくつかの店が並んでいるだけのひなびた感じの町だ。予約していた小さなホテルにチェックイン。部屋に荷物を置くと一階のレストランで、さっそく野菜カレーを注文。この数日は、今日のルートのことが気がかりでずっと重苦しい気分で過ごしていたこともあって、祝杯のビールも注文。

「この町の規則で町ではビールが飲めるのはパブだけになっていてね。ここはレストランなので申し訳ないけど酒類は扱ってないんだよ。すぐそばに食料品店があるから、そこで買って持ち込むのは構わないよ」と従業員。

さっそくビールを買いに出かける。今日は好天に恵まれたこともあって、そばのパブの前では路上に持ち出したテーブルを囲んで談笑している人たちが手を挙げて挨拶してくる。小さな町だけあって住民たちは皆顔見知り、いかにも親しそうだ。買ってきたビールを飲み、ささやかな開放感にひたりながらの夕食となる。

第十一章　緑のアイルランド島

五月三十日　ベルファスト　当日：六三キロ　累計：一九七二キロ

今日は西のストランラーまで走り、そこからフェリーで北アイルランドのベルファストに渡る。いよいよスコットランドを離れ、アイルランド島を走ることになるので旅の大きな節目に差し掛かってきた感じがしてきて気持ちが高ぶってくる。

午前八時出発。Ｂ７００５は田舎の一本道だ。周りの低い丘には牧草地が広がり、羊や牛がのどかに草を食む姿が心をなごませる。時折車が通るだけで辺りには民家も人も見かけない。起伏がゆるやかなので走りやすいが、気温が上昇してきて、とにかく暑い。強い日差しを浴びながら田舎の一本道を進む。行けども行けども周りの田舎の風景に変化がないので、いくら進んでも終わることがないような気がしてくる。

走り疲れた頃、ようやく下りが始まる。眼前に突然大きな海が広がり始める。そのまま急な坂道を下りつづけると海沿いの道Ａ７５にたどり着く。久しぶりに広くて車の多い道路なので緊張しながら走りつづけ、疲れ果てた頃、ようやくはるか前方に大きなフェリーが停泊している姿が視野に入ってくる。疲れも限界に近づいているが、必死で走りつづけて、フェリー乗り場の建物の前に到着。建物の中に飛び込み、さっそくチケットを買おうとすると「ベルファスト行きのフェリーはこれから一マイル先の別の港だよ」と言われて、おあずけをくらってしまう。気を取り直して、また汗水たらしながら進んでようやく目的のケイルンライアンに到着。

フェリー乗り場の建物に入ると出港は午後三時半だ。しばらく待って、チェックインを済ませて検査室に向かう。

羊や牛を眺めていると相手も興味深そうに見つめ返してくる

荷物のX線透視装置が設置され、警官三名がしっかり監視する前で男性が執拗にボディーチェックをされている様子を見ていると意外に警備は厳重だ。ところが、自分の番になるとチェックなしで通過。かつて激しかった北アイルランド紛争のテロ活動を防止するための検査らしくて、アジア人は無関係ということらしい。

フェリーが出港する。海は驚くほどのおだやかさ、まるで静かな湖面を滑るように進んでいく。ホテルのロビーを思わせるような広々としたラウンジのソファーに坐ってくつろいでいると三時間ほどでベルファストに到着。

いよいよ下船だ。自転車を探すが、自転車を置いた階を忘れてしまったので係員に相談すると「港の建物のバゲージ・クレームまで荷物を運ぶので、そこで受け取りなさい」と言われる。これも空港と同じシステムだ。ところがバゲージ・クレームではいくら待っても自転車が出てこない。心配になって係員に尋ねると自転車を運び忘れていたことがわかる。一人だけマイクロバスに乗せられて、あわてて船倉に戻り、あらためて自転車を回収し直して胸をなでおろす。

港から自転車で走り出すと片側四車線の高速道路に出てしまって、あわてるが、なんとか一般道を見つけて、ベルファストの町に入る。

ベルファストは昔のアイルランド紛争のイメージが残っていたこともあって、古ぼけた暗い感じの町と思い込んでいたのだが、予想とは違って、なかなか活気のある町だ。

予約していた安宿を捜すが、町の中心から少し離れた所にあるらしくて、これがなんともわかりにくい。何人もの人に尋ねながら、少しずつ場所を絞り込み、やっとのことで安宿を見つけ出す。ベルファストの中心部から少し南にある雑然とした感じのバックパッカーズだ。狭い部屋に二段ベッドを無理やり押し込んだといった感じで、空きスペースがほとんどないので部屋で過ごす時にはベッドの上で体を伸ばしているしかない。

ここの主人は六十歳くらいのスキンヘッドの男性。気さくで話し好きな人物なので宿泊客たちの相談相手になっているらしく、フロントの狭い部屋にはいつも若者がたむろしていて、なごやかな雰囲気のする宿だ。

個人的好みもあるだろうが、旅をしていていつも感じるのは大きくて設備が立派なホテルより、こじんまりした個人で営んでいるような宿の方がはるかに居心地がいいことだ。旅の疲れを癒すにはやはり心の触れ合いが期待できるような宿の方が快適に過ごせるようだ。

今日はなんとかアイルランド島に着いたので、長い間、張り詰めていた緊張から解放されたような気分になる。

五月三十一日　ベルファスト

同室にはロンドンからやって来たブラジル人のカップルがいる。

「ドイツ人の祖父がブラジルを訪れた時、一目で気に入ってそのまま住み着いてしまったのよ。そんなわけで私はドイツ系よ。それでこの人はアマゾンに生まれて、そこで育ったのよ」五十歳くらいの大柄の女性が隣の男性を指さす。

肩まで伸ばした黒い髪とアジア系を思わせる風貌からはインディオの血を引いているような印象の男性で、こちらの方がだいぶ年下ということもあってか、女性には従順そのものの寡黙な男性だ。

「私は、ロンドンで清掃関係の仕事をしていて、この人は車で商品の配達をしてるの。とにかく毎日忙しくて休む暇もないのよ。一年中働きづくめで、やっと短い休暇がとれたのでアイルランドの観光に来たの」

ブラジルから出稼ぎに来ているらしいが、物価も高い国なのでやはり生活が大変らしい。

「今のブラジルは政治が腐敗していて、もうどうにもならない状態でね。今の大統領なんてひどいものだよ。おまけにブラジルではジカ熱が大流行りだしね」と、ほとほとうんざりしたような表情でこぼし始める。

「イギリスの気候が厳しいのには驚いたけど、ブラジルからイギリスに移り住んでみて、こちらの気候をどう感じてるの？」

「こちらの気候は本当に厳しいよね。ブラジルの娘時代は、母親からいつも日焼けをしたらだめよとさんざん言われてきたけど、こちらでは逆に医者からもっと日光を浴びなさいと言われてるのよ。冬が長くて日射量が少ないので鬱になる人が多いこともあってね」

「将来住むとしたらどこがいいんだろうね？」

「私は海が大好きだから住むのだったら海のそばがいいな。私にはブラジルに成人した子供が二人いて、大学に通ってるんだけどもね」女性からはブラジルに帰りたいという声は最後まで聞かれない。このカップルは、年齢差が開いていたり、いかにも訳がありそうな様子なので、国には帰れない事情があるのかもしれない。

「ブラジルではタピオカが食べられているんだよね？」

「タピオカはもっと北の方だね。サンパウロの辺りではもっぱら米を食べてるよ」

「フェジョアーダなんかと一緒に米を食べるんだ？」

「そう」と大きくうなずく。

料理が好きな女性らしく、さっそくブラジルの名物料理フェジョアーダの作り方を披露し始める。

とにかく外国旅行では宿などで国の名物料理などを話している時ほどのんびりした気分になれるものはないので熱心に耳を傾ける。

「これ見てよ。この緑のきれいなこと。本当にきれいな国だね」女性はこちらで買ったアイルランドの風景写真集を見せながらうっとりした表情で語る。

この二人、生活に追われていて経済的に余裕があるようには見えないが、写真集を開きながらアイルランドの風景の美しさを語る姿を見ていると貧しいながらも、美しいものにちゃんと感動できる心を持った、いかにも純朴で善良な人たちだ。

この宿には、ココという小さな犬が飼われていて、宿泊客たちの人気者だ。なかなか賢い犬で、来客があるたびに玄関にすっ飛んでいったり、時折ラウンジの窓から外の通りをなにやら監視したりしている。ココがそばにいると抱いてやったりして遊んで過ごすのが楽しい。

もともと動物が好きだが、旅に出ると生き物がいっそう可愛くなる。一人旅の孤独感をいちばんわかってくれそうに思えるからだろう。

六月一日　ベルファスト

町の見物に出かける。小さな町なので、二十分ほども北に向けて歩けば町の中心だ。青空が広がったこともあって辺りは明るい雰囲気に包まれ、かつての深刻な紛争を思い起こさせるものは見当たらない。

壮大な宮殿を思わせる市庁舎の前を通り過ぎ、人通りでにぎわう繁華街の一画のカフェ風の店に入る。手作りサンドイッチでは地元で人気の店らしく、長い行列ができている。ケースの中から野菜を挟んだ大きなベーグル風のパンを選んで、テラス席に坐る。

噛むとカリッとした独特の歯ごたえがするアイルランド名物のパン、ソーダブレッドだ。パンはイースト菌を使って膨らませるのが普通だが、ソーダブレッドは重曹を使って、こねたり発酵させたりしないで作られるが、歯ごたえがなんとも新鮮で美味い。

昼食を済ませ、初夏の陽気に少し浮き浮きした気分になって、町を散策。その後はしばらく歩いて、クラムリン・ロードの刑務所の見学だ。入場料は九ポンド。ガイドの後ろについて他の観光客二十名ほどと一緒に独房等を観て回る。刑務所はいまはその役目を終えて観光スポットになっているのだが、看守や受刑者のリアルな感じの人形があちこちに置かれていて、昔の雰囲気そのままだ。

施設内を歩き回らされて疲れが出てきた頃、壁の上に十字架が飾られた部屋に案内される。教会か教誨師が面談する部屋らしい。さらに奥の小さな部屋に通されると中央には先が輪になった太いロープが天井から吊り下げられていて、ロープの下の方を見ると床が抜ける仕組みになっている。絞首刑を執行する部屋だ。まさか目の前で絞首台を見ることなど考えもしなかったので、いささかうろたえる。

絞首台の前でガイドがなにやら説明するたびに見学者の間から笑い声がわき起こる。

欧米人はレジャーを楽しむ時は陽気に心からエンジョイする人たちだが、さすがにこんな場所で笑い声を立てる感覚は場違いな感じで、とまどいを覚える。米国などでは州によっては死刑執行の現場に被害者の関係者を立ち合わせたりするらしいが、やはり欧米の人たちとの間にはメンタリティーに大きな差があるのを感じる。

ガイドが熱心に説明してくれるのだが、早口すぎてまったく聞き取れない上に、死刑執行の現場に立ち会っている気分になってきて、一目散でその場から逃げ出したくなってくる。

その後絞首台のすぐ真下の部屋に向かうと検死をする台があって、そばには棺桶が置かれてある。

クラムリン・ロードの元刑務所の内部

棺桶の前で説明をつづける担当者を眺めているとそのうち棺桶の蓋を開けて、刑死した囚人の人形でも見せられるのではないかとビクビク。なにせ、やたらに臆病な性質《たち》なので映画を見ていて残酷なシーンになるといつも目を閉じてその場をしのぐ癖がついているほどだ。今回もその得意技を使うつもりで今か今かと構えているうちに、なんとか話が終わったので胸をなでおろす。刑務所側もそこまで悪趣味ではなかった。

その後は建物の外に出て高い塀のそばに向かう。碑が建っていて、獄から逃亡しようとした受刑者が射殺された場所との説明があり、刑務所見学はなんとか終了。なんとも後味の悪い午後となってしまった。

興味半分で刑務所見学に来たことを後悔。

六月二日　ベルファスト

朝、パソコンを充電しようとするが、ランプが点灯しない。うまく充電ができていないらしい。充電できないとなればパソコンが使えなくなるので、あわてる。

とりあえずダブリンまでの宿はすでに予約済みなのだが、こうなったらダブリンから先は宿に備え付けのパソコンを使って予約するしかない。今までの旅では、時折宿のパソコンを利用する程度で本格的にインターネットを使う旅をしたのは今回が初めてだ。しかし、いったんネットに頼り切った旅をしてしまうと今までどうしてパソコンなしでまともな旅ができていたのか不思議に思えてくる。アイルランドでは、ダブリンの辺りを走るつもりでいたのだが、この状態では残念ながら予定を大幅に変更するしかないようだ。

とにかく機械音痴なので、頭をかかえてしまう。

ダブリンからはフェリーでウェールズに向かうのだが、ウェールズを走るのには二つのルートが考えられる。一つはウェールズの海岸沿いを南に向けてしばらく走り、ウェールズの真ん中あたりを横断するルート、もう一つはウェールズを海沿いにぐるりと回るルートだ。後者のルートは途中にユースが多いので安宿の確保という点では少し安心なのだが、困ったことには距離が長くなる上に道路がかなり混んでいることだ。どちらのルートを進むか、しばらく検討することにする。ダブリンではそれぞれのルートの所要日数を計算して、宿と帰国便の予約をしなければならない。パソコンの調子が悪いので、これから先の日程がスムースに進むのか考え出すと不安にかられてしまい、のんびりと旅行気分を楽しむ余裕などは消し飛んでしまったようだ。頭にあるのはとにかく無事にロンドンにたどり着くことだけだ。

夕方、浅黒い肌でヒゲを蓄えた若い男が入室してくる。

「どこから来たの？」

「クウェート」

「日本人だけど」と言うと「歓迎だ」の一言が戻ってくるが、その後は一言もしゃべろうとしない。日本でもイスラム圏出身者が目立つようになったが、確固とした独自の世界観を持っている人たちということもあってか、異文化に対する興味が希薄で、開放的とかフレンドリーといった印象の人が少ないように感じる。時には周囲に対して拒絶的ともいえるような雰囲気を漂わせたタイプも見かけたりするが、この男まさにそんな感じの人物だ。

そもそも価値観が違いすぎて、共通の話題がないし、文化や歴史、湾岸戦争などのことを話しても政治や宗教に触れてしまったりして気楽な会話が成り立つとも思えない。こういう場合は黙っているしかない。

六月三日　ダンドーク　当日：九六キロ　累計：二〇六八キロ

一晩中、宿のそばで若者たちが飲んで騒いでいたこともあって、眠れないままに朝を迎える。

これからベルファストの南にあるダブリン方向に向かうのだが、今日の目的地はベルファストとダブリンとのほぼ中間にあるダンドークだ。

しばらく進むと周りは農地となり、羊の放牧されている牧草地が多くなる。ニューリーに近づいた辺りから道路の起伏が激しくなる。大きな丘を上った辺りで休憩するため道路脇の柵に自転車を立てかけていると、そばの茂みに黒い鳥がいるのに気づく。羽の先が少し白っぽくて、嘴の形から見るとカラスの子だ。幼いこともあってなんとも可愛らしい。きつい日差しを浴びていたので心配になって、ミネラルウォーターを頭にかけてやると元気そうに反応する。まだ幼いので飛べそうにもないが、こちらを見ても怖がる様子もない。この辺りには林があって空にはカラスが何羽も舞っているので、どうやら巣から落ちてしまったらしい。

このままこの場に放置したら、猫に襲われるのは目に見えている。どうしたものかと思案しながら、とりあえず直射日光を避けるためにその幼鳥を両手で包むようにして木陰に移してやる。カラスの子は暴れたりしないで、なんとも素直だ。

周りに人がいれば、鳥の世話を頼むのだが、あいにくこの辺りは丘の上の高台になっていて、門から玄関までが離れた大きな邸宅が並んでいるだけで、道路にもまったく人影がない。

かわいそうになって、しばらく鳥を見つめながら頭をめぐらせる。日本でこんな場面に遭遇したら、まずはその場から幼鳥を運んで出会った人に後を託すことになるのだろうが、辺りにまったく人を見かけないのでなす術がない。結局、しばらく見守ってやった後、その場を去ることにする。だれかがうまく鳥を見つけてくれれば助かるかもしれないとかすかな望みを抱きながら走り始める。走っていても幼鳥のことが頭から離れず、小さな命を見捨ててしまったという思いがいつまでも心に残ってしまった。

基幹道路N1の近くの旧道のそばに自転車道があるのを見つけて進む。途中で道がわからなくなり、地図を広げて思案しているとピンク系の派手な色をした大型のマイクロバスがそばに止まっているのに気づく。地図を見せながら運転手に道を尋ねる。

草むらにいたカラスの子。しばらく見守った後、その場を去るときの身を切られるような思いが忘れられない

スライドドアを開けたままの後部シートには派手な化粧をした六、七人の女性たちが坐っていて、車内は女性たちのはしゃぎ声が飛びかっている。運転の男性を除いて女性ばかりで、皆際立った美人ぞろい。モデルか芸能関係の仕事をしているような雰囲気の女性たちで、運転しているのはマネージャーのようだ。車を止めて休憩していたらしいが、仕事というより、どこかへ遊びに行く途中らしく、車内には高揚した気分が溢れている。運転手から道を教えてもらって地図で確認していると車の中にいた一人の若い女性が突然嬌声を上げながら車から飛び出してくる。全身が動物の着ぐるみを着た女性だ。その女性が首に抱きついてきて「ねえ、写真を撮ってよ!」と仲間たちに催促する。美人に抱きつかれた経験などないこともあって、びっくりしながら、

自分もカメラを渡して撮ってもらう。写真を撮り終わると女性が車の中に置いてあったケーキを一個渡してくれて、お別れ。そのバスが去っていくのを手を振りながら見送る。

カラスの子を見捨ててしまったことが、ずっと心に重くのしかかっていたこともあって、この突然のハプニングが少し気分を変えてくれたようだ。

しばらく道を進んで、あらためて場所を確認しようとして、ナップザックの中の地図を探すが見当たらない。先ほど美人に抱きつかれた時、気が動転してなくしてしまったらしい。

地図をなくしたので、このまま手探りで進むしかない。人に道を尋ねながらもなんとか順調に進み、ダンドークの町に到着。幸い予約していたホテルのメモが残っていたのでそれを見せながらホテルの場所を尋ね回る。町の中心部から三キロも南の郊外まで進んで、なんとかホテルにたどり着く。広い通り沿いにある老夫婦がやっているB&Bだ。部屋に入ると女主人がトイレやシャワーの場所、出入りの際の注意事項などを説明した後で「部屋に置いてあるものは持って行かないでよ」と一言。今回の旅で、ホテルなどで時々無愛想なスタッフがいたりして嫌な思いをしたことはあるが、こんなひどいことまで言われたことはない。いくらはっきりものを言う人たちといっても宿泊客を泥棒扱いするような言い方には不愉快になる。

宿の辺りは閑散としていて店など一軒も見当たらない。シャワーを浴びた後に外出。しばらく歩いた所にガソリンスタンドの小さな売店を見つけて、バナナ、サンドイッチを購入。ホテルに戻って、わびしい夕食となる。

いよいよ明日はダブリンに向かうのだが、地図を失くしてしまって、手元にはあらかじめ検討していたダブリンまでの経路のメモがあるだけだ。このメモだけでうまくダブリンに着けるのか少し不安になってくる。

六月四日　ダブリン　当日：九一キロ　累計：二二五九キロ

朝起きると喉が痛いのが気になるが、このところの寝不足もあって昨晩は久しぶりに熟睡。今日はいよいよダブリンに向かう日だ。

午前八時に出発。道路脇に男性が立っているのを見つけて道を尋ねる。

「教えてあげるから中に入って」と言われて営業所みたいな建物に入る。

地図を開いていたら美人に抱きつかれてびっくり

「このルートでダブリンに行きたいんだけど、どうでしょうね？」ダブリンまで通る予定にしていた町のメモを見せる。

「このルートでは遠回りになってしまうよ」と答えながら、男性はダブリンまでの通過する町を紙に書いてくれる。

「自転車でずっと旅をしているんですよ」

「うちの女房もトライアスロンをやっていてね、先日もオーストラリアの大会に出場したばかりだよ。毎日、九〇キロほど自転車で走ってトレーニングしてるよ」と聞かされてびっくり。世間にはすごい人がいるものだ。

男性から教わったR132のルートを走り始める。車線が多い道路だが、土曜日のせいか車が少ない上に道が平坦なので、走るのが楽だ。地図がないので心配だったが、なんとか走れるので気持ちが軽くなる。キャッスルベリンガム、ダンリアー、ドローエダ、バルブリガンと順調に進み、ダブリンに近づいた辺りで道路が複雑になって、道がわからなくなり、道を探し回る。いつの間にか高速道路に入りかけて、あわてて植え込みに飛び込んで引き返す。別の道を進むが、またもやここも高速道路。冷や汗をかきながら、一方通行の道路を引き返して胸をなでおろす。

やっとのことで一般道を見つけてまた進み始める。

もう疲労困憊だが、市の中心までまだ一〇キロもある。それでも力をふりしぼって、走りつづけてダブリンの中心部に着く。地図なしでも、早めに目的地に到着できたので肩の荷がおりたような気分。前半、道に迷わないで順調に走れたのが幸いしたようだ。

しばらく進んでダブリン市内を流れるリフィー川の南側の大通りにたどり着く。

土曜日とあってか、通りには人が溢れている。すさまじい人ごみの中を自転車を押して進む。サンドイッチの店で店員に道を尋ねるとブラジルから出稼ぎにきている青年で「アニメとか、日本の文化に興味があってね」という日本ファン。そのせいか親切に道を教えてくれる。

町の中心から少し離れた辺りに予約していた安宿を見つける。二段ベッドが三組の狭い部屋。同室に二人のフランス人の若者がいる。一人は柔道を三年やっていて、日本文化にやたらに関心のある人物だ。

「フランスでは柔道は盛んだけど、柔道がうまくなると日本に柔道留学する人が多いんだよ。上達しようと思えばやっぱり日本に行かないとね。ところで日本のことで気に入っているのは、なんといっても日本人の謙譲の美徳だね。フランスとはその点で大違いなんだよ」

フランスは、人種、民族、宗教などが日本に比べてはるかに複雑な国だが、個人主義の徹底した国で自己主張が強い国民性ということを考えると、この国では意見をまとめるのが大変なことは容易に想像がつく。

しかもフランスは近い将来ムスリムが人口の過半数を超えることが確実視されていて、ムスリムがフランスの伝統的な価値観と真っ向から対立するような事態が現実のものになりつつある。そういった状況を考えると、いまさら謙譲の美徳とか口にするような悠長な場合とも思えないのだが、とにかく控えめということが海外ではネガティブに評価されているという思い込みがあったこともあって、青年の言葉を意外に感じる。

「日本のことをもっと知りたいので日本に行きたいな」もう一人のフランス人も日本に興味を持つ青年だ。

日本のインターネットのサイトには、日本が世界中で注目されているような海外の記事がよく紹介されている。この種のサイトは、海外の日本マニアに焦点を当てたりしているので、編集が偏っていたり、内容が誇張されていたりするきらいがないわけでもない。そんなこともあって、この種の記事の内容を盲信するのは禁物だが、ヨーロッパでは日本に関心のある人に出会うことが思ったよりも多いというのが実感だ。

とにかく、ほんの二十年ほど前までは、日本人といえば生の魚を食べる、薄気味悪い習慣を持った民族だとか、オリジナリティーがない物まねが得意な連中といったネガティブなイメージが先行していたことを考えると変われば変わるものだ。昔から欧米人による日本滞在記が多く書かれていることなどを考えると、最近になって外国人に魅力的に映るようになったというよりも、世界では支配的となっているキリスト教文化とは異質な国でありながらも独自の洗練された文化を持つ国として、もともと潜在的にも大きな関心を持たれてきたといっていいようだ。

同室には黒人の女性の他に三十歳くらいの日本人青年もいる。

「観光で来たの?」やけにリラックスした様子の日本人青年に声をかける。

「いや、ワーキング・ホリデーの制度を利用して来たばかりなんですよ」

「将来はどんな仕事につきたいの?」

「今までも、ワーキング・ホリデーの制度でオーストラリアやニュージーランドにも住んでたことがあって、とりあえず海外のあちこちに滞在してみて、気に入った国に移住したいと思ってるんですが……」

「なんでまた、そんなこと考えてるの?」

「日本があまり好きじゃないんでね。若い頃から海外に住みたいと思っていたので、大学を出てからはアルバイトしたりして準備してたんですよ」

「でも、なぜ日本のことがそんなに嫌いなのかな?」

「とにかく、あくせく働いて一生を終えるしかないような生き方が嫌なんですよ。外国で困るのは日本食が食べられないことぐらいかな」

日本という同質的な社会に潜む画一的なものの考え方や密接な人間関係への反発が青年を日本嫌いにさせているのかもしれない。この男性は細かいことは気にしない、いかにも楽天的な性格らしい。そのあっけらかんとした言い方には日本への執着心など皆無といった印象だ。

この連中、みな若くて気が合っているらしく、はしゃぎまわったりして、いかにも青春を謳歌しているという様子。

一方の自分は体調が芳しくない。二、三日前から朝起きると喉が痛かったりして、風邪気味だったのだが、夕方になるとかすれ声になり、少し熱も出てきたりして、急に調子が悪くなる。

おまけに相変わらずパソコンの具合が悪くて、これからネットを使って宿の予約をしたりするのが難しくなってしまったので気が重くなるばかり。とにかく今度の旅は頭を悩ませるようなことが次々と起きて、気の休まる暇がない。いつも不安と隣り合わせの旅になってしまった。

六月五日　ダブリン　当日：九キロ　累計：二二六八キロ

今日は、予約していた市内のユースに移る日だ。午前八時、出発して町の中心に向かうとまだ朝早いせいか、昨日の人や車でごった返していた大通りの混雑振りが嘘のようだ。

それでも、もともと狭くて曲がりくねった道路のあちこちで工事をやっているので、車がひしめき合っている。日本では考えられないほど乱暴な運転の車ばかりなので、狭い通りを進むのも冷や冷やだ。ダブリンはわりと大きな町ということもあるが、イギリスの町に比べるとゴミが散らかっていたりして雑然とした印象を受ける。

ユースの場所がわかりにくくて、何度も道を尋ねるのだが、皆頭をひねるばかり。行ったり来たりを繰り返しながら、ユースに近いと思われる辺りで中年の女性に道を尋ねる。

「あなたこの辺りがどんな所か知ってるの？　危険な場所だからね。気をつけなさいよ」女性はこちらをじっと見すえるような表情になる。

「交通がですか？」

「いや、治安が悪いのよ。泥棒が多い所だからね。自転車などから目を離したら絶対ダメよ」自転車を指さしながら、真剣な表情で念を押される。

やっとユースにたどり着き、カウンターでチェックインの手続きをしていると隣りでなにやら日本語風のアクセントの英語が耳に入る。なんだか場慣れしていて、落ち着いた感じの高齢の男性だ。さっそく挨拶をかわす。

まずやらなければならないのは、これから先の宿の予約だ。ところが残念ながらこのユースには備え付けのパソコンがないのでネットカフェを利用するしかない。午後、町に出て、ネットカフェに入って、メールを送ろうとするが自分のパソコンでないせいなのか、うまくいかない。

手持ちのパソコンの調子が悪くなったどころか、ネットカフェからもメールが送れないので大ショック。とにかくパソコン音痴なのでこうなったら、もう完全にお手上げだ。命綱ともいえるネットがうまく使えないということになれば、このまま旅をつづけるのは難しくなってしまったようだ。

頭をかかえてしまうが、ダブリンからはひたすら先を急げば三週間ほどでロンドンにたどり着けそうだ。これから先はできるだけルートを短縮して、日程を早めるしかない。しばらく考えて、最初考えていたダブリン周辺をしばらく走る計画は残念ながら断念して、ダブリンからフェリーで対岸のウェールズに渡り、ウェールズを横断した後は、イングランドを真南に進み、オックスフォードを通ってロンドンに着くという最短ルートで走ることに決める。

行く先々で、すぐに宿が見つかればいいのだが、安い宿は早めに予約が埋まってしまうので、大あわてでこれから先の走行ルートと宿泊地を決めてしまう。とにかくパソコンのバッテリーがダウンしてしまいそうなので、パソコンが動いているうちになんとか宿の予約を済ませておかなければならない。

六月六日　ダブリン

同室に高校で歴史と経済を教えているカナダ人の中年男性がいる。「これから日本の経済も勉強したいと思っているんだよ」と語ったりする、日本に興味のある人らしい。優しくて人柄の良い、いかにも模範的な先生といった感じの人だ。この男性、こちらが風邪をひいていることを知ると時折体調を尋ねたり、ヨーグルトやポテトチップの袋をくれたりして心配してくれる。

もう一人はコスタリカから自転車旅行にやってきた青年。

「仕事はなにやってるの？」

「賭け屋のコールセンターで働いているんだ。コスタリカには中国人やベトナム人が多くて、大のお得意様だよ。とにかくこの連中はものすごいギャンブル好きだよ。もうクレイジーだね」

「なにに賭けてるの？」

「スポーツの試合なんかだね」

「でも、しばらくすると皆すってんてんになってしまうけどね」と笑いながら話す。

「自分ではギャンブルやらないの？」

「いや、やらないよ。やるわけないじゃないの。やっても損するのがわかってるからね」

ところでイギリス人も賭け事は大好きだ。日本とは違って繁華街にパチンコ屋が並んでいるわけではないが、その代わり賭け屋がある。bookmaker の看板の店がそれだ。この賭け屋は日本では違法なのでなじみがないが、イギリスではあちこちで見かけるので賭け屋で賭けをするのはこちらではありふれた楽しみごとになっているらしい。主にスポーツなどに賭け屋が提示した掛け率で金銭を賭けるのだが、イギリス人はなんでも賭けの対象にしてしまう。とにかく、その日の天気まで賭けたりするくらいだから、かなりのギャンブル好きの国民だ。その点堅実そのものといったドイツ人とはかなり様子が違うようだ。

人間は堅苦しいことばかりでは生きていけない。時にはギャンブルなどの息抜きも必要になる。しかし、困ったことにはギャンブルとなると見境いがつかなくなる人が少なくないことだ。中国人やベトナム人は体質的にその傾向が強いらしいが、日本も公営ギャンブルがいくつもあって、町にパチンコ屋が並んでいるお国柄ではやはりギャンブル好きの国民ということになるだろう。

イギリス人のギャンブルに対する寛容な姿勢は、オランダの大麻の合法化と同じように自分のことは自分で責任を持てばいいという考え方が根底にあるからだろうが、もともとイギリス人はしっかりと自己管理ができる人々だからこそ、ギャンブルに寛容な政策が可能になっているように思える。日本ではカジノ解禁の話も進んでいるが、ギャンブルに歯止めがきかなくなる人が珍しくない日本人の体質を考えると、カジノで生活を破たんさせる人が出てこないか少し心配になってくる。

昨日挨拶をした日本人の男性とは食堂で顔を合わせるたびに同じテーブルで話をかわす。小柄でほっそりした八十歳近い男性だが、いかにも健康そうな人だ。

「旅行ですか?」

「ヨーロッパにはずっと住んでるんですよ。商社に勤めていたんだけど、退職して十七年ほどルクセンブルクに住んで、その後はロンドンに半年、この二年ほどはアイルランドに滞在してるんですよ。時々は世界をあちこち旅してるけどね」

「そんな長い間こちらの生活によく耐えられるもんですね?」

「商社に勤めていた時の勤務地が主にヨーロッパだったからね。こちらの生活には慣れてるんですよ」

「それで、どんな所にお住まいなんですか?」

「ルクセンブルクに住んでいた時は家具付きの部屋を借りていたけど、今は荷物を持ち運びながらあちこちのユースなどに泊まったりしてるんですよ」これにはさすがにびっくり。

「本とかパソコンとかはどうしてるんですか?」

「本読むのは大好きだけど、本もパソコンも図書館に置いてあるのを利用すれば、とくに自分で持つこともないよ」

自分も自転車用のバッグ二個、ナップザック一個に旅に必要なものを詰め込み、それを運びながら、狭い部屋での二段ベッドの生活をつづけているのだが、せいぜい三か月ほどの期間なので我慢できている。しかし、いくらなんでも持ち物全部を持ち運びながら、転々と移動しながら相部屋で生活するなど自分の居場所も見失ってしまいそうで耐えられそうもない。とにかく究極のミニマリストだ。

「毎日、どうやって過ごしてるんですか？」

「図書館に出かけるのが日課になっていてね。新聞などの経済データをノートに取ったりしてるけど、普段は新聞やインターネットのニュースを読んだりして過ごしてますよ。これで結構忙しくてね。暇なんかないですよ」

「食事が口に合わなかったりして困るようなことはないんですか？」

「そりゃあ、日本食がいいにきまってるけど、いつも自炊して自分の好きなものを食べてるからね。ルクセンブルクに住んでいた時はカリフォルニア米とノルウェー産のサーモンが手に入ったから、それを自分で日本風の料理にしたりしてね。食事で苦労したことなんかないですよ。こちらでは一応なんでも手に入るからね。でも、酒はなんといっても日本酒だね。あんなに旨い酒は世界のどこにもありませんよ」

人生の大先輩なのでこの人のことをとりあえず先生と呼ばせてもらうが、先生は、朝は砂糖をたっぷりふりかけた山盛りのコーンフレークにトーストやヨーグルトもしっかり食べる。夜になると慣れた手つきで料理して、缶ビールを飲みながら大きなタッパーにてんこ盛りになった夕食を平らげる。やはり料理が得意で何でも食べられる健啖家ということもあって海外での一人暮らしがつづけられているらしい。缶ビールを一口飲んでは缶を両手でしっかり握りしめて、じっくり味わう姿を見ているとかなりの酒好きな人らしい。

とにかく、長い旅をしていると日本人と出会うたびに旅の緊張から解放される。とくにきちんとした自分の考えを持った人と気軽に語り合えるのはなんとも楽しいものだ。

フェリーの港でチケットを購入するために外出する。

ユースの担当者にフェリーの港の場所を尋ねると「ここだよ。そんなに遠くはないよ」と観光案内用の地図を指差しながらダブリンの中心を流れるリフィー川の岸辺の辺りを教えてくれたのだが、リフィー川はその川幅からして、大型フェリーが接岸できるとも思えない。とりあえず、実際自分の目で確かめるしかない。

歩いて町の中心に行き、そこから川の下流に向けて進むと担当者が教えてくれた場所には観光用の帆船が停泊しているだけで、やはりフェリーの港はない。

フェリー乗り場の看板を見つけてその方向に歩きつづけるが、行けども行けどもたどり着かない。そのうち雨が降り始め、間もなく本降りになってしまう。道路を囲んでいるフェンスの向う側にはガスタンクや港湾関係の施設が広がっているだけで雨宿りできるような場所も見当たらない。風邪をひいた体に冷たい雨が降り注ぎ、ずぶ濡れになってしまうが、傘がないので雨に濡れながら歩くしかない。

時折大型のトレーラーが行き来するだけの人気のない場所を歩きつづけ、うんざりした頃になって、やっとフェリー会社のターミナルビルに着く。自転車の別料金一〇ユーロ込みで五五ユーロを支払ってチケットを購入し、もと来た道を戻り始める。しかし、雨はいっこうに止みそうにもない。雨に濡れながら往復で一〇数キロ歩きつづけて、ユースに着いた時には激しい疲労でもうぐったり。部屋に入るなり、ベッドに倒れ込んでしまう。

ダブリンではアイリッシュパブに出かけて、アイルランド音楽のライブを楽しむつもりでいたのだが、この風邪ではどうにもならない。とにかく安静にして、出発までには治すしかない。

六月七日　ダブリン

町に出て、パソコン・ショップでパソコンを見てもらう。バッテリーに不具合があるので交換した方がいいとのこと。また面倒なことになったので少しショックだが、だましだまし使ってしばらく様子を見ることにする。

そのパソコンもどういうわけかユースではうまく作動しないので、先生に図書館まで連れて行ってもらい、図書館の wi-fiを使って、さっそく宿の予約。

部屋はドイツのドレスデンから来た七十歳くらいの男性と一緒だ。旧東ドイツの出身なので英語はあまり上手くはないが、いかにも温厚で朴訥そうな人だ。

「山登りと歩くのが趣味で普段も毎日二、三〇キロくらい歩いているよ。これから四週間ほどかけてアイルランドの海岸沿いを歩くつもりなんだよ」

重い荷物を担いで歩くので体力的にもかなりハードなはずだが、日頃鍛錬しているだけあって、余裕しゃくしゃくといった感じ。日本旅行も考えているらしく、日本のことをあれやこれや質問されるのでそれに答えたり、名前を漢字で書いてやったりして時を過ごす。

六月八日　ダブリン

「東ドイツの時代はどうだったの？」社会主義の実情に関心があったこともあって、同室の男性に尋ねる。

「仕事と住宅は国から与えられていたから、なんとか生活はできていたけどね。しかし、まるで刑務所に住んでるみたいだったね。とにかく西ドイツに住んでいた親戚とも会えなかったし、あまり楽ではなかったよ。だからベルリンの壁が崩壊した時はこれで自由が味わえると本当にうれしかったね。でも、統一後はそれまで周りの人たちとの間にあった家族的な雰囲気がなくなって、お互いにライバル意識みたいなものを持つようになったのが少し残念だけどね」

今日もパソコン持参で図書館に出かけ、宿の予約などを済ませる。

帰国便の手配からロンドンまでの宿泊の予約を全部済ませたので、少し肩の荷が下りたような気分になる。しかし、途中で万一アクシデントでも起きて予定通りにいかないとなれば、宿はキャンセルせざるを得なくなる。宿泊料全額を支払うことにもなりかねないのが気がかりだが、覚悟を決めて、もうなるようになれと開き直ったような心境だ。

六月九日　ダブリン

いよいよ明日は出発だ。風邪はだいぶ良くなってきているが、まだ声がかすれ鼻水も止まらないので、体力的に耐えられるか心配だ。せっかくダブリンに来てまともに観光もしないままだったのが心残りだが、とにかく宿泊の予約をしているのでこのまま出発するしかない。

体調を回復させるため午後はずっとベッドに寝て過ごし、夕方は食堂で先生と会話。

「暇な時はなにをして過ごしておられるんですか？　ひとりで寂しいと感じたことはないんですか？」

「暇な時間なんてないよ。いつも図書館に行ってるしね。大学ではフランス語を専攻していたのでもともとフランス文学が好きなんですよ。しかし、フランス文学のすごさからしてみるとシェークスピアなんてたいしたことはないね。イギリス人の前でそう言うと連中は怒るけどね。暇な時にやることと言えばスドクをやるぐらいかな。面白いですよ」寂しさとはまったく無縁といった感じだ。

図書館で先生がフィナンシャルタイムズを見ながら経済指標をノートにたんねんにメモしている姿を見ていると、やはり生活の核になるものをしっかり持っている人のようだ。世俗にとらわれないで、こつこつと研鑽できるような日課などを持っている人でもなければ異国での一人暮らしなどとても耐えられるものではないと感じる。

「日本に帰ろうという気にはならないものですかね？」

「日本に帰ったのは六年前が最後かな。自分の家には弟の家族が住んでるんで、もう帰るところもなくなってしまったしね」

「でも、病気になったら困るでしょう？」

「病気で入院ということになれば、日本に帰ることになるんでしょうね」とまるで他人事みたいな答えが戻ってくる。将来のことをあれこれ考えすぎないので外国での一人暮らしができているのだろうが、端で見ていると心配になってくる。

先生とこんな会話をかわしていると突然若い男が話しかけてくる。顔を見上げるとなんとグラスゴーの宿で同室だったトムだ。ロンドンからオーストラリアに帰国すると言って別れたトムがなぜ目の前にいるのか理解できずにただトムの顔を見つめるばかり。トムはニヤニヤ笑っているだけだ。どうやら帰国を前にして気が変わって、アイルランドにやって来たらしい。

いつの間にかその場からいなくなったトムがまた戻ってきて、リンゴ酒一缶をくれて、握手して去っていった。

もらったリンゴ酒を二人でさっそく試してみる。

「なんだか、ぴりっとしたところのない味だね」せっかくトムがくれた酒にケチをつけるのも申し訳ないが、冷えてないこともあって、甘酸っぱくて口当たりはいいもののどこか中途半端な味の酒を口にしながら話をつづける。

「しかし、なんといっても今興味があるのはイギリスのEU離脱の投票だね」と先生が語り始める。

「イギリスは共通通貨ユーロも採用してないし、入出国の基本を定めたシェンゲン協定にも加盟してないので、他の加盟国よりはEUからの拘束は少ない立場なんだけど、独立国としての自主的な判断に大きな制約を受けているからね。イギリスもそれに我慢できなくなったんだろうね」

自分もこの問題には同じような関心を持っていたこともあって、先生の言葉に興味深く耳を傾ける。二人とも国民投票が果たしてどういう結果になるのか興味津々といったところだ。

「しかし、今度の国民投票がたとえ残留という結果に終わったとしても根本の問題は解決されないまま先送りされることになるので、いずれ離脱を巡っての議論は再燃するでしょうしね。去るも地獄、残るも地獄といった状況に陥っているとしかいいようがないですね」との言葉には先生もうなづく。

ＥＵは理想を追い求めすぎるあまり、急進的な性格を帯び始めて、いつの間にか現実を見失ってしまっているとしか思えない。

イギリスでもかつて「ゆりかごから墓場まで」のスローガンの下で社会保障を積極的に推進し、その結果これが原因となって財政破綻に追い込まれ、英国病の状態に陥るという苦い過去を持っている。これも理想を追い求めて現実を見誤った結果だ。

ヨーロッパ諸国は社会主義という壮大な実験が無様な失敗に終わってもそこから十分な教訓を学ばず、ＥＵの推進という同じような過ちを繰り返しているとしか思えない。

イギリスの知的レベルの高さはあらためて言うまでもないことだが、このイギリスでさえも時代の流れに押し流されたり、進むべき方向を誤ってしまったりしていることを考えると、どうもヨーロッパ人には理想や理念にしばられて、現実をありのままに見すえることが苦手な体質を持っているような気がする。イデオロギーや理想を信じてバランスを失ってしまいがちなところなどは一神教を受け入れてきたヨーロッパ人の合理主義的な体質とどこかでつながっているように思えてくる。もっとも、これは日本の知識層にも言えることで、いくら論理的思考に優れていても、論理に頼りすぎている分直観的な洞察力に乏しく、現実を見誤ってしまう傾向が強いように感じられる。

話が政治に及び始めると「若い頃は当時の時代背景もあって、社会主義がすべてと信じ切っていたこともあってね。だから今でも社会主義を支持してますよ」先生はぽつりと口にする。

「でも、現実には社会主義は破綻したじゃないですか、それでも信じてるんですか?」

「それはわかっているけど、若い頃信じていたものはなかなか捨てることはできないですよ」と一言。

人はいったん思想的なものにのめり込んでしまうとそれに支配されてしまって、容易に軌道修正できなくなるものらしい。

しかし、社会主義の破綻が明らかになった今でもそれを信じる人たちには、こっけいさしか感じない。

自分はイデオロギーを信じたりすることは、独断や独善に陥ることと同じという思いがあって、そもそも体質的になじめない。そんなこともあって先生の意見は聞き流すしかない。

しかし、先生は飄々として何事にも恬淡とした感じの人だ。天性の楽天家らしく寂しさなどとは無縁といった人柄ということもあって、旅に疲れ果ててしまった自分には格好の話し相手だ。旅先で出会う人の中にはいつまでも記憶に残る人がいるが、先生もそんな一人だ。

第十二章　ウェールズの山を走る

六月十日　カーナーヴォン　当日：五六キロ　累計：一三三四キロ

いよいよ今日はウェールズに向かう日だ。少し気持ちが高ぶっていたためか、あまり眠れないままに朝を迎え、午前六時前に出発。

曇り空で気温が低い。大通りを通って、リフィー川に突き当たった所で左折し、川沿いに進む。港湾施設のそばを進み、フェリーのターミナルに着く。フェリーは五万トンのユリシーズ号。大型バス、大型トレーラーにつづいて乗船、ラウンジに向かう。ラウンジの豪華さは高級ホテル並みだ。

風邪はだいぶ治ってきたといっても少し頭痛がしたり、鼻水が止まらなかったりで体調は相変わらず芳しくない。ラウンジではさっそくソファーに坐って体を休める。フロアーでは身体の動きが軽やかな少女たちでいっぱい。ダンスの公演旅行に向かっているらしい。少女たちが走りながら床に両手をつきながら体を回転させたり、ダンスの動きをしたりする姿を眺めて過ごす。

船の外は靄がかかって遠くを見渡せないが、波もほとんどなく、すべるように進んでいく。三時間ほど経って、ホーリーヘッドの港に近づいてくる。胸ポケットに入れていたユーロ紙幣をポンド紙幣に交換して、上陸に備える。下船するのは乗船の時とは反対側の開口部からだ。フェリーの扉がゆっくり降りて岸壁との橋渡しが完了するといちばんで上陸開始。

そのまま港の中を通って、施設の外に出る。辺りには家が立ち並んでいるが、ここはイギリス本土のブリテン島とは狭い海峡で切り離されたアングルシーという島なので、しばらく走りつづけると周りは緑に囲まれた静かな田園風景が広がり、いかにも島といった雰囲気になる。ほぼ平坦で直線に近い道を進む。時折車が通るだけで周りには人影がない。午後三時頃、いよいよ島の端に近づく。今日の目的地カーナーヴォンは島の対岸のウェールズ本土の町で、その間にはメナイという海峡が横たわっている。地図を一見しただけでは両岸がつながっていると勘違いしてしまいそうになる細い海峡で、昔から海の難所として知られてきた所だ。海峡にかけられたブリタニア橋を目指して走りつづけ、やっと橋にたどり着く。渡り始めると眼下にはいくつもの大きな渦が激しく躍動しながら流れていく姿が広がる。海面から目を上げると小さな島が点在していて、さらにその一マイルほど先には海峡にかかるもう一本の橋メナイつり橋の姿が目に入ってくる。

橋を渡って、海沿いの道を一〇キロほど進んでカーナーヴォンに到着。海峡に面した道路の目の前には先ほどまで走っていたアングルシーの緑に覆われた岸辺。海とは反対の内陸側を眺めるとスノードン山が広がる。カーナーヴォンは海と緑に囲まれた小さな町だ。

なんとかイギリス本土にたどり着いた。安堵の胸をなでおろしながら予約していた海沿いのホテルに到着。ブリテン島に着いたのでまずは第一関門通過といったところ。少し気持ちが軽くなる。しかし、これから先も当分は厳しい日程で走ることになるので緊張感は残る。

六月十一日　ダフリン・アルディドゥイ　当日：六五キロ　累計：二三八九キロ

夜中に雨が降り始める。気になって何度も窓の外を確認するが、雨はいっこうに止まず、濡れそぼった風景が闇の中に広がっているだけだ。

朝食の時、宿の主人に「雨が降っているね」とつぶやくと「この辺りは四十日ほども雨が降らなかったからね」と雨を歓迎するような口ぶり。もともとウェールズはイギリスでも雨の多い所なので、今日の天候が回復する見込みはなさそうだ。

「ところで、EUの国民投票が近づいてるけどどう思ってるの?」

「そんなもん残留に決まってるだろうが! いくらなんでも離脱なんて考えられんよ。自分の周りにだって、離脱を支持してるような連中なんかいないよ」EU離脱を主張する連中などは大バカ者だと言わんばかりの激しい口調の答えが戻ってくる。

午前八時すぎに出発。まだ鼻水が止まらない。A487を走る。雨はいちおう止んだが、灰色の厚い雲が低く空を覆っていて、いつまた

メナイ海峡にかかるブリタニア橋を渡ってウェールズへ

降り出すかわからないような空模様。海沿いの道になるので道は平坦と思い込んでいたが、起伏が激しくて自転車を押して歩くことが多くなる。海から目を転じると畑、牛や羊の遊ぶ牧草地が広がり、その向こう側には樹木に覆われた小高い山が連なる。この辺りから南にかけての一帯が山々の連なるスノードニア国立公園だ。旅を始めてからずっと牧草地の広がる丘が延々と連なる光景ばかり見てきたこともあって、久しぶりに樹木の生い茂った山々を眺めているとどことなく心が落ち着くのを感じる。牧草に覆われた、なだらかな丘が広がる光景はたしかに目に心地よいものだが、樹木の生い茂る山々の醸し出すたたずまいとは別物だ。もともとは一面を覆っていた原生林が切り倒されて丘が造られたということを考えると、丘にはやはり人工的な雰囲気がする。少しでも人の手が入っていない方に心が魅かれるのは当然かもしれない。

いつの間にかかなり高い所まで上っていたらしく、ポルスマドグの手前付近で大滑降となる。時速四六キロはさすがに爽快。しかし、転倒して自転車が壊れでもしたら厳しい日程で組んだこれからの予定がすべて台無しになる。そんなことが頭をよぎって、あわててスピードを落とす。

三角江の湾が広がっている辺りで東に方向転換して、湾に流れ込む川の上流にかかった橋を目指して先を急ぐ。

橋の標識を探しながら、湾のそばの道路を進んでいるうちにうっかり標識を見失ってしまう。まともに地図を見ずに車の流れに合わせて、いい気になって走っていたためだ。かなり行き過ぎてしまったが、気を取り直して遠回りになった道を急ぐ。

天候が少し回復してきたこともあって、なんとか順調に進みつづけ午後四時にホテルに到着。

今日は朝食を済ませた後は途中でバナナを食べジュースを飲んだだけなので、近くの小さなスーパーに行って、ヨーグルトで栄養補給。

ここは海のそばの景勝地なので観光客も多そうだ。今日は土曜日ということもあって、ホテルのパブは地元の人たちで溢れ、背の高いパイント・グラスでビールを飲みながら、サッカー中継に歓声をあげるおなじみの光景。

六月十二日　マハアンスレス　当日：五〇キロ　累計：一二三二九キロ
夜中に雨の音がする。目が覚め、天気のことが気になって眠れない。
いつの間にか雨は止んでいる。しかし、厚い雲がどんよりと空を覆って、いつまた降り出すかわからないような空模様。今日の天候はもうあきらめるしかない。ホテルを出発して南に進む。右側は海岸、左側は小高い丘がつづく。この高さは丘というよりももう山だ。しばらく走るとキャンピングカーの集まるキャラバン村が現れる。途中から方向転換して三角江となっている辺りを東の内陸部に向けて走る。
予想通り雨が降り始め、次第に雨足が強くなる。雨宿りを繰り返しながら進むが、いっこうに雨は止まない。ジーンズが濡れてきたのでパーカを着る。ドルゲラウからＡ４７０を進むが、この辺りはもう完全に山の中だ。このウェールズの北西部のスノードニアは国立公園にもなっていて、サイクリングでは人気のある所らしく、ロードバイクが次々と坂を下ってくる。車で山の頂上までやってきて、長い下り坂で大滑降を楽しんでいるらしい。重い自転車を押しながら坂道を上っているので、横目でうらめしく眺めるしかない。

イングランドやスコットランドで見慣れていた、なだらかな丘に牧草地が広がる光景と違って、ウェールズは樹木に覆われた山が多い。牧草地になっている広大な山の斜面には放牧された羊たちの姿。傾斜が急すぎて人が踏み込むのは難しそうな崖みたいな所にも羊を見かける。牧羊犬を使って、羊たちを追い込むのだろうが、素人目には地形が峻険すぎて、これでよく羊が飼えるものだと感心するばかり。

こちらの道路標識はアイルランドと同じように現地語と英語が併記されている。ウェールズ語は綴りが複雑で、いったいどう発音するのか皆目見当がつかない。英語とはまったく異質な言語らしい。

坂道が延々とつづくので自転車を押して歩くしかない。雨と寒さと長い上り坂にうんざりしながら歩きつづけ、疲労困憊になった頃、山の頂上に達したらしく上りから解放され、下り坂が始まる。

A487に進むとまた上りが始まる。雨が顔をたたきつづけ、汗が流れ落ち、サングラスは水滴だらけになって、まともに前が見えない。周りには霧が立ち込め、遠くが見えなくなる。山の奥に進んでいるので、霧はさらに濃くなり、すぐ前方さえも見通せなくなる。いつまで上りがつづくのかと不安になっているとようやくコルリスの辺りから下りが始まり、そのままマハアンスレスの町まで急降下。なんとか目的地にたどり着いたので長くつづいた緊張から解放される。ここはかつてはウェールズの首都だった所らしい。古びた建物が並ぶひなびた感じの町だ。雨に濡れそぼった古い町並みが雨にかすんで少し寂しげで、もの悲しささえ感じさせる。

午後二時過ぎ、ホテルに到着。一階がパブになっている宿だ。もともとパブの中はどこも薄暗いが、雨が降りつづいていることもあって、店内は暗くてまるで夜だ。チェックインして部屋に入るとさっそく暖房器のスイッチを入れ、体を温めながら、濡れた衣服を乾かす。

今日は幸い走行距離が短かかったので助かったが、まだ風邪が治りきってない体でこの冷たい雨の中を長時間走っていたら、それこそとんでもないことになっていたと胸をなでおろす。

夜はパブのレストランで食事。ここでも町の人々が集まり、ビールを飲みながらサッカー観戦をするおなじみの光景。このパブも日本の居酒屋よりずっと広くて、地域の人々の社交場になっているらしい。

しかし、このところずっと気になっていたのは明日の走行ルートだ。安全性を考えて、車の少なそうなB4518を進むつもりでいたのだが、宿のスタッフに相談するとこの道路は遠回りになる上に道路の起伏も厳しいらしい。結局、幹線道路のA470を走ることに決める。なにせ強行日程なので、確実に目的地に着くことを優先するしかない。

明日をなんとか乗り切れば、次第に平坦な道路になっていくはずな

雨の降る山の中を進む

ので、ここでは頑張るしかない。

六月十三日　ギルスフィールド　当日：七一キロ　累計：二四一〇キロ

夜半、空模様が気になって、窓の外をのぞくと雨は降っていないので一安心。ところが午前三時を過ぎると雨が降り出している。寝るどころではなくなって、それから何度となく窓の外を眺めるが、暗闇の中に濡れそぼった光景が広がるだけ。雨はいっこうに止みそうにない。朝食を済ませ、長袖シャツの上にパーカを着て、午前八時過ぎに雨の中を出発。

出発して間もなくスピードメーターが作動していないのを発見、さっそく予備用のものと交換。このところずっと雨の中を走っているので故障したらしい。A489もA470も多少の起伏はあるが、自転車を押して歩くほどではないので一安心。

今日は長い距離を走ることになるので、必死で走りつづけ、ゆっくり休憩をとる暇もない。なんとしても暗くなる前に目的地に着かなければならない。

鼻水が止まらないので途中でボックスティッシュを一箱購入して、鼻をかみながら進む。

昼食も食べずにひたすら走りつづけ、昼頃ニュータウンに到着。この辺りは山に囲まれた所と思い込んでいたのだが、意外に平坦で予想外に距離を稼げたので安堵の胸をなでおろす。目的地まではあと二〇キロほどになり、最後のひと踏ん張り。休みもとらずに走りつづけて目的地ウェルッシュプールに到着。目指すホテルはさらに一〇キロほど先になるが、もう着いたようなものだ。ずっと不安な気持ちで走ってきたので、目的地に近づくにつれて気分が軽くなる。いくつかの丘の間を通り抜けると、その奥にひっそりとギルスフィールドの小さな町があった。丘に囲まれた、落ち着いた感じの町で、どの家も色とりどりの花に包まれている様子は、いかにも豊かな階層の人たちが住んでいるという印象。

人に尋ねながら今晩の宿にたどり着く。花の咲き乱れる庭に囲まれた、洒落た感じの小さな宿だ。女主人が一人で切り盛りしているらしく、部屋はきれいに飾られて上品そのもの。いかにも女性向きの部屋なので、むさ苦しい男が滞在するには場違いかと少し気後れがするほどだ。

まるで夢のような宿の女主人とブロディー

四十代くらいのきれいな女主人がさっそく紅茶を入れてくれ、しばらく休憩した後、すぐ隣の小さくて、古い教会に案内される。

歩きながら話をすると「主人は以前軍医をやっていて、ヨーロッパ各地に勤務していたので、海外のあちこちに住んでいたんですよ」イギリスはいまなお階級制度のなごりがあるといわれているが、この女性の立ち居振る舞いを見ていると単に裕福な階層というより、洗練された文化を身につけた人々が存在する社会と言った方が正確なのかもしれない。

「ところで、ＥＵの国民投票がもうすぐですが、どう考えてます

白くて長い巻き毛が羊を思わせる優しいブロディー

か？」と質問。

「それがよくわからないんですよ。どう思います」と逆に質問されてしまう。

内心ではイギリスはEUから離脱した方がいいと考えているのだが、さすがに一旅行者が他国の問題に無責任な意見を言うわけにもいかず、「難しすぎる問題ですね」と答えをそらすしかない。

この家には犬がいる。牧羊犬とゴールデン・レトリバーのミックス犬で、白い毛が長くて大きくウェーブしているところなどまるで羊そのものだ。スコットランドの生まれた町の名前にちなんだブロディーという名前で、体を撫でてやるとお腹を見せながらもっととせがむような仕草をする、いかにも優しそうな犬だ。犬は飼い主に似るといわれているが、上品な女主人がこの優しい犬を可愛がっている様子を眺めているとまさにぴったりの組み合わせだ。

部屋に戻るとさっそく小雨と汗で濡れた衣服を脱ぎ、置いてあった扇風機で乾かす。すべてがあまりにも素晴らしすぎて夢の中で出会った宿といった感じの所だ。

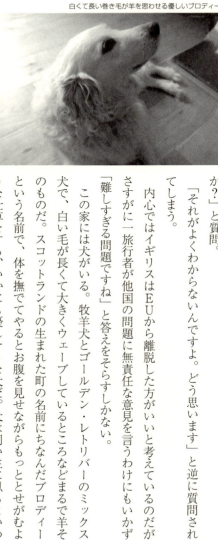

第十三章　イングランドを南へ

六月十四日　シュルーズベリー　当日：三五キロ　累計：二四四五キロ

あまりにも素晴らしい宿なのでしばらく滞在してみたいのだが、次の宿の予約をしているので残念ながら出発せざるを得ない。天気予報では雨だったのだが、今朝は少し青空も見える曇り空だ。

朝食が終わった後、ブロディーにお別れの挨拶がしたくなって、女主人にお願いして、隣の部屋にいたブロディーを呼んでもらい、出発までの短い時間を体を撫でてやったりして過ごす。ブロディーと戯れているだけでもうっとりした気分になってきて、犬の心を癒す力にはあらためて驚かされる。

女主人とブロディーに別れを告げて出発。最良のホスピタリティーを発揮してくれたブロディーのおかげで終生忘れがたい宿となったことだけは間違いないようだ。

今日の目的地シュルーズベリーまでは三〇キロほどしかないので気楽に走る。このところ連日厳しいスケジュールで走りつづけているので今日は休養日みたいなものだ。雨上がりの田舎の道の周りには緑に溢れる農場が広がるだけで人影がない。時折小雨がぱらつくが、順調に走ってシュルーズベリーに到着。古い建物が多そうな町だ。ここはもうイングランドになるので少し山場を越した気分になってくるが、ロンドンはまだずっと先だ。気を引き締めて着実に進んでいくしかない。

六月十五日　ブレイクダウン　当日：七四キロ　累計：二五一九キロ

午前八時、雨になるのを覚悟して出発。Ａ４３８０で進むと周りは畑や林が広がり、緑が溢れている。四月の終わり頃に道路の複雑さに苦労させられたテルフォードの辺りに近づいたので、ビルドワスという所で地図を調べていると中年の男性から話しかけられる。鞍造りの仕事をやっている人だ。行き先を告げると「Ａ４１６９でマッチウェンロックまで行って、そこからＡ４５８で進んだほうがいいよ。少し起伏があるけどそっちの方がいいと思う」とアドバイスされる。

教えられた道を進むが、やたらに起伏が激しい。なんとかＡ４５８を見つけて、走り始めるが、ここも幹線道路のわりには起伏が大きい。疲れ切って、自転車を押して歩いたりするのが精一杯。

午後四時頃、疲労困憊の状態でキダーミンスターにたどり着く。予約した宿のあるブレイクダウンはまだ先だ。

町を通り抜け、三、四キロ走って、林の中に宿を見つける。敷地に入ると馬の放牧場があり、そのそばをさらに奥に進むと大きな母屋がある。隣には納屋、その周りは林と畑が広がっている。広大な敷地を持った富裕な農家が兼業でやっている宿のようだ。

母屋に入り、奥の広い部屋に三十代くらいの男性がいたので予約していたことを告げる。いきなり

「なんでこちらの出したメールに返事してこなかったんだ！」こちらをにらみつけながら、どなりつけてくる。

「パソコンの調子が悪くてメールの送受信ができなかったんで」呆気にとられて、少しどぎまぎしながら答える。

「家のそばに自転車を置いてあるんだけど」

「どこに置いてあるんだ！」とこれまた怒りを満面に表しながら、すさまじい剣幕だ。

「裏の家のそばに置いてあるんだけど」

「すぐこっち持って来い！」と相変わらず横柄で粗暴そのもので、あまりの異様な対応に度肝を抜かれてしまう。

この男はオーナーらしい老夫婦と一緒にいたので、どうやらこの家の息子らしい。老夫婦は男の異常さにはとっくに慣れ切ってるらしく、平然とした表情のままだ。

いままでも店員などから不愉快な対応をされたことがあったが、この男の常軌を逸した態度には唖然とするばかり。態度が悪いというよりメンタル的にどこかおかしい感じがする。

農場で働いているらしい、肌の浅黒い、インド系の男が出てきて、部屋の方に案内される。おかしな人物の下で働いているせいか、この男も無表情で愛想がない。

母屋の裏手に回るとプレハブの小さな架設住宅みたいなものが並んでいて、辺りにはわびしい雰囲気が漂っている。そこに泊まっているらしい男性と顔を見合わせるがこの男も無愛想で挨拶もしてこない。旅行者特有の浮き浮きした様子がないのでここを住いにしているらしい。

周りを林に囲まれ、緑の溢れる放牧場が広がる見事なロケーションなのだが、男のエキセントリックな振る舞いを眺めていると、まともな神経ではとても住めそうもない所だ。

薄暗い廊下の先に部屋があった。ベッドの他にはスペースがほとんどなくて、窓といったら天窓がひとつあるだけのまともに換気もできない密室みたいな部屋だ。湿気のこもる部屋の隅に荷物を置いたとたんにため息がもれる。行き場所がなくなった連中が集まる吹きだまりみたいな宿らしいので、自分まで落ちぶれはてて人生の敗残者になったような気分がしてきたのだ。

「ここで夕食は食べられるの?」この周りには畑と林しかなさそうなので心配になって、案内の男性に尋ねる。

「ここでは食事はできないよ。でも、自転車なら四、五分、この先を左に行けばパブがあるよ」との答えに安堵する。

しばらくして、食事をするためパブを探しに自転車で出かけるが、周りは鬱蒼とした林になっていて、その先には畑が広がっているだけだ。辺りを走り回るが、パブらしいものは見つからない。あわてて宿に戻って、経営者の老婦人に近くの食料品店を尋ねる。

「この辺りにはそんなものはないよ。キダーミンスターまで行くしかないよ」そんなことも知らないで泊まったのかいといった、これまた愛想のない表情で答える。

この宿は宿泊料が安いこともあって、二泊することにしていたのだが、もともと農場が片手間に安宿をやっているといった感じで宿泊者への対応はお粗末そのもの。安いだけのことはある。

とりあえず、キダーミンスターの町に行くことにして、自転車で出かける。途中でガソリンスタンドを見つけ、そこの小さな売店でサンドイッチとミルクを購入。近くに店があると聞いてさっそく辺りを探し回ると小さな商店街があったので胸をなでおろす。さっそくそこのスーパーでヨーグルト、ビールを購入し、中華のテイクアウトを作ってもらって、わびしい宿に戻ってのわびしい食事となる。

六月十六日　ブレイクダウン

雨がぱらつき、天窓のガラスに雨粒の当たる音がする。雨音は、時には大きくなり、時には小さくなりながらもいっこうに止む気配がない。天気が良ければ牧場の馬たちと戯れて過ごすのだが、この天気ではそうもいかない。

うすら寒い部屋の中でベッドにもぐり込み、地図を眺めながら明日からのルートの検討をして過ごすしかない。

雨と寒さで買い物に出かける気にもなれなくて、昨日買っておいたヨーグルト、パン、果物などでなんとか食いつなぐ。

夕方になると、雨が止むどころか雷まで鳴り始める。

この小さな部屋は、一方の壁に大きなカーテンが引かれていたので気づかなかったが、カーテンの向う側は温水プールのある体育館みたいな大きな部屋で、そことはガラス板一枚で仕切られているだけだ。今いる部屋は天窓一枚だけで外気から遮断されたようになっているので、もともと湿気が充満しているのだが、さらにこの長雨だ。湿気が充満して、気が滅ってくる。
天窓を見上げては、いつ雨が上がるのかとやきもきしながら一日中ベッドの中で過ごす。しかし、いっこうに雨は止まない。

六月十七日　グロスター　当日：八七キロ　累計：二六〇六キロ
夜半を過ぎた頃、天窓のガラスに小雨が当たる音がし始める。いったん止んでいた雨がまた降り出したのだ。じっと雨音に耳を傾け、雨が止むのを待つ。雨音はしばらくつづいてはやがて消え、また音がし始める。いつ本降りになるかと気になって眠れないまま時を過ごしているうちにやがて空が白み始める。
朝五時。このまま本降りになるのをじっと待つよりも今日の目的地に少しでも近づいていた方がいい。そこで出発することに決める。自転車に荷物を積み、外に出るとまだ明けきってない闇の中に霧雨が降っている。朝もやの中で放牧された馬たちがこちらに気づいて、近づいてくる。なんとも可愛い馬たちだ。馬のそばでしばらく過ごしたいのだが、ゆっくりする暇もない。馬たちに別れを告げて、牧場を去る。
嫌な思いをしたこともあって、まるで逃げ出すように、そばの林を通り抜けキダーミンスターの町に向かう。

市内の環状道路に向かう。昨日までは安全を考えて小さな道路を走るつもりでいたのだが、いつまた本降りなるかもしれない。先を急ぐことにして、いったん幹線道路のA449を進み、途中から四車線の道路を避けてストアポートという町に向かう。雨になるのが気がかりで、必死に走りつづけ、B4196、B443を通って、ウスターの町に着く。二ヶ月ほど前に滞在した町だが、セヴァーン川沿いのその時泊まったホテルを眺めながら通り過ぎていると苦しみながらいっこうに先の見えない旅をしていた頃のことが思い出されてなつかしくなる。先を急ぐので、この町でも休憩をとらずにそのまま進み、アップトンの町に着く。

昨日は部屋に閉じ込められて満足な食事もしないままで過ごし、今朝も口にしたのはサンドイッチにミルクだけ。疲労も激しいので、休憩がてら小さなレストランでステーキの昼食。

食事を終える頃には青空が少しのぞき始めたのに胸をなでおろしながら、また走り始め、テュークスベリーを通り、グロスターに向かう。

とにかく日程を無事にこなすことだけしか頭にないので、まともに休憩もとらず必死に走りつづける。夕方、目的地グロスターに着く。いよいよ東に方向転換する地点までたどり着いた。やや晴れやかな気分になる。

宿はチェーンホテルのホリディーインだ。新しくて大きい、設備が充実した豪華なホテルだ。ホテルの周辺は町の郊外に新しく開発された近代的なビジネス地区になっていて、大型スーパーや大手の銀行のビルなどが立ち並び、いかにも人工的で未来の都市といった感じの所だ。

ギルスフィールドではまるで夢の中に出てくるような宿に泊まったと思っていたら、ブレイクダウンでは一転して悪夢としか思えないような陰惨そのものの宿。今日はモダンで大きなホテルとなったが、一分の隙もない幾何学的なデザインがどこか神経にさわるような感じがして、設備が良いのに落ち着かない。宿も様々だが、やはり宿は小さめで家族的な雰囲気の所がいい。

スーパーでヨーグルト、サンドイッチ、ビールなどを買って、レジで手元に残った北アイルランドの二〇ポンド紙幣を差し出す。若い女性店員が紙幣をじっと眺めた後「これは受け取れないね」と言いながら、あらためてそばにいた年上の女性スタッフに相談する。紙幣を受け取ったその女性が「これはダメだね」と言いながらも、念のためにオフィスに確認に行く。しばらく待っているとなんとか受け取ってもらえたので一息つく。北アイルランドは連合王国を構成する国のひとつなので、イギリス国内でも問題なく通用するはずだが、なんともややこしい。

ダブリンでホテルの予約をした時には本当にグロスターまでたどり着けるのか自信がなかったこともあって、とにかくたどり着いたという開放感に満たされながら、ささやかな夕食をとる。

六月十八日　オックスフォード　当日：八四キロ　累計：二六九〇キロ

曇り。サンドイッチの朝食を済ませて、午前八時に出発。ウェールズを横断した後シュルーズベリーからはほぼ南に向けて走ってきたのだが、グロスターからロンドンまではほぼ東に向かうことになる。今日の目的地オックスフォードはロンドンとの中間点になる町なので、いよいよ旅も最終段階だ。

ホテル周辺は四車線の道路に囲まれていて、小さな道路が見つからない。仕方なく四車線のＡ４１７に出る。周りは高速で飛ばす車で溢れていることもあって、冷や冷や。安全面を考えるとこの道路を走りつづけるわけにはいかない。少し遠回りになってしまうが、途中から車の少なそうなＡ４６に出て、いったん北東のチェルトナムに向かい、そこからＡ４０で東に進む。東の方向に向けて走りつづけていると、少しづつロンドンに近づいている気分になってきて、次第に心が軽やかになってくる。

予想よりも道路の起伏が少ないので、快調に走りつづける。しかし、午後になると疲労が激しくなりダウン寸前となってしまう。旅の終わりが近づいたせいで、前半少し張り切りすぎたようだ。バーフォード、ウィットニーと進む。この辺りになると道路も広く、交通量が一段と激しくなる。安全を考えるともっと小さな道を走りたいのはやまやまだが、少しでも早く目的地に着きたいので幹線道路のＡ４０を走りつづける。

ＥＵ離脱の是非を問う国民投票の実施日六月二十三日が近づき、道路わきには「Vote Leave（離脱に一票を）」「Vote Remain（残留に一票を）」の看板が目立つ。

このところ新聞やテレビもこのニュースばかりなので、興味を持って人々の様子を眺めているのだが、離脱を支持する人々の考えは、ＥＵに残留したままでは外国人が次々と流入してきて仕事を奪われ、自分たちの税金が外国人のために使われるのはもう我慢できないということらしい。いかにも当然の反応に思えるが、結果ははたしてどうなるのか興味が尽きない。

疲れも限界に近かったのだが、頑張ったかいがあって、午後四時過ぎに目的地オックスフォードに到着。

自転車を押しながら、町の中心部を進む。

今日は一日中、雲が厚く垂れこめていて、途中でいつ雨が降り出すかと冷や冷やだったが、最後まで雨にもあわず順調に走れたのでホッとする。オックスフォードは大学の町なので、地味な所と思い込んでいたのだが、目抜き通りには観光客が溢れて、なかなか雰囲気のある町だ。

駅の近くのユースに到着。さっそく荷物を置いて、そばの韓国料理店で夕食。このところ碌な食事をしていなかったので、久しぶりのライスに人心地つく。

六月十九日　オックスフォード

今日も気温が低く、半袖では寒さを感じるほどだ。

部屋は二段ベッド三組でほぼ満室だが、同室の連中とは会話がなく少しつまらない。

午前中は休養して、昼過ぎから町を歩くと自転車がやたらに目につく。日本では自転車が日常生活に欠かせないものになっているが、ヨーロッパではオランダやドイツなどの一部の国を除いて、自転車は一般的とは言えない。イギリスも丘が多いこともあってか、見かけるのはロードバイク、つまりスポーツ用の自転車が多い。ところが、この辺りは平たんな上に学生の町ということもあってか日本では一般的になっているシティサイクル風の頑丈なタイプのものが目立つ。

町に出て、にぎやかな通りを歩く。国民投票に向けて両陣営の運動員たちが歩行者にビラを配ったり、説明をしたりしている。イギリスのＥＵ残留が確実視されていることもあってか、端で眺めていても運動員たちの表情もわりに淡々としていて、とくに白熱しているという印象はない。投票の結果はすでにわかりきっているといった様子で、どこか白けた雰囲気さえ漂っている。離脱派のビラを読んでみると「政治的な判断には、イギリスの自主権を取り戻すべきだ」「ＥＵから押し付けられた移民を受け入れるのは断固阻止すべきだ」「政治的にどこへ連れていかれるかはっきりしないままにＥＵに盲従すべきではない」といった主張だ。とくに国が本来保有しているはずの政治上の自主的な決定権が奪われていることに人々が大きな不満を感じているらしい。

ＥＵ離脱派と残留派のプラカードが並ぶ繁華街

店でベルトを購入する。今まで使っていたベルトは体重が減るにつれ、ゆるくなってきて、腹周りがぶかぶかの状態。いままでベルトに追加の穴を開けたりしてだましだまし使ってきたものの、限界を超えたようなのであらたに買うことにしたのだ。もともと体重計恐怖症ということもあって、まともに体重を計ったことはないのだが、一〇キロ以上は減っているようだ。減量は何度もチャレンジしてきたのだが、まともに成果を上げたことがなくて、唯一大幅な減量に成功したのは海外をサイクリング旅行している時だけだ。運動量も毎日相当なレベルになるし、現地の食事が口に合わないこともあって、長期の旅行では確実に体重は減る。いわば運動療法の他に強制的な食餌療法をやらされているようなものだ。いまはやりのフィットネスクラブに大金を払って通うよりは海外を長期のサイクリング旅行をした方がはるかに効果的だと思う。

そう考えると食べ物がまずくて、坂道だらけのイギリスはサイクリング・ダイエットの実践には最適の国だ。おまけに雨や曇りの日が多いので、日焼けを気にする人にはとくにおすすめの国ということになるかもしれない。

夕方、パソコンを起動させようとするが、相変わらず調子が悪い。今までの旅では、宿に備え付けのパソコンを使っていたこともあって、意識したこともなかったのだが、パソコンに頼り切った旅では、旅の途中でパソコンの具合が悪くなった時の怖さは半端ではない。ダブリンで早めに宿の予約をすべて済ませたので、間一髪で危うい所を逃れたという感じだ。

しかし、パソコンがよくここまで持ってくれたものだと、半ば胸をなでおろすような気持ちになる。とにかく重度の方向音痴の上に機械音痴の人間が、今までなんとか旅をつづけられたことに自分のことながら感心してしまう。

昨夕は韓国料理で、昼食はタイ料理、いつもよく食べるのは中華のテイクアウトだから、イギリス料理といえるものは朝食を除いてほとんど口にすることがない。旅の楽しみのひとつに現地での食べ歩きがあるが、やはりイギリスは食べる楽しみとは無縁の国という感じだ。もっとも、こちらには弁当の類が少ないこともあってイギリス発祥の食べ物サンドイッチにはいつも世話になっているので、正確にはサンドイッチを除いてということになる。

六月二十日　オックスフォード

昨夕からの雨が今日も降りつづく。昼過ぎ、外出して公衆電話から航空会社に電話する。

この公衆電話は、使用できるコインの額面が三種類だけの上にその組み合わせも決まっている。おまけに表示されている金額より多めに投入しても通話ができなかったり残額が戻ってこなかったりで、なんとも不便だ。カード式のもあるのだが、説明を読んでもこれがまたどう操作すればいいのかわからない。電話機にしても武骨そのものの造りでコインの返却口にはまともに指が入らなかったりする。ヨーロッパのサービス全体に言えることだが、質が低くて、とにかく不便。こちらの人たちの忍耐心の強さに感心するばかり。

自転車好きの司祭と立ち話

クライストチャーチを見学。司祭服の男性が壇上から説教らしいものをしていたので、そばの席で神妙に聞いている振りをしていると話を終えたその男性がにこやかな表情で声をかけてくる。初老で温顔の男性だ。

「どこから来たの?」

「日本から自転車旅行でやって来ました」

「自分の嫁の兄弟が日本人女性と結婚していてね、その女性はこちらでも有名なピアニストなんだよ」そんなこともあって、日本人には好意を持っているらしい。「自転車はロードバイクなの、ツーリング用なの？」とか聞いてくる。自転車のことには詳しい人らしくて、しばらく自転車旅行の立ち話。

同室の三十代の男性と会話をする。パリ育ちのアルジェリア人でロンドンのレストランで働いている男性だ。

雑談をしているうちに「アルジェリアはイスラム教の国だね」と口にすると顔をしかめ、イスラム教に触れられるのを嫌がっている様子だ。イスラム圏の人々はみな信仰心が篤いというイメージがあるが、青年はイスラムに対して複雑な気持ちを抱いているらしい。

この青年はいくつもの言葉が話せて、英語はネイティブ並みの上手さだ。イギリスの町を歩くと人種や民族が雑多なことに驚かされるが、これらの人たちは多くがイギリス国籍の持ち主で、この青年のように英語が達者で読み書きにも支障がない人たちが多いようだ。

最近、日本でも人口減少を理由に外国人労働者の受け入れを拡大すべきという意見が出てきている。しかし、英語と同じように外国人が日本語をマスターできるとはとうてい思えない。日本語は英語に比べても発音ははるかに易しいし、文法的なしばりがゆるやかなこともあって、会話を習得するにはやさしい言語と言っていいだろう。しかし、日本語の読み書きとなると英語とは異次元といってもいいほどの難しさになってしまう。

実際、日本に二十年以上住んでいても日本語の読み書きができない人を複数知っているが、いずれも知的レベルの高い人たちということを考えると、日本語の難易度が相当のものであることは間違いないはずだ。そう考えると日本語も満足にできない成人の外国人が日本に住み始めて、読み書きまで自在に操れるレベルまで到達するのは不可能としか思えない。

そういった人たちが、日本で働いて老後の資金を蓄えられるほどの収入を得るには特殊な技能なり才能を持ったごく一部の人に限られてくるはずで、多くの移民は公的な援助に頼る結果になってしまうだろう。移民を受け入れていった場合、これらの人々が老齢に達した後は社会保障費の負担増につながっていくことが避けられないとすれば、外国人労働者の安易な受け入れには慎重にならざるを得ないというのが正直な感想だ。

第十四章　白鳥の遊ぶテームズのほとり

六月二十一日　ストリートリー　当日：三四キロ　累計：二七二四キロ

曇り。長袖シャツだけでは少し寒い。今日の目的地ストリートリーまでは三〇キロほどしかないので気が楽だ。しかし、走り出してみるとA４０７４は道幅が狭くて車で溢れ、車が速度を出すこともあって、気が抜けない。ロングウィッテナム、リトルウィッテナムの辺りから田舎の風景が広がり始め、ようやくのんびりした気分になって、先へ進む。

ウォリンフォードからはA３２９を走って、今日の目的地ストリートリーのユースに着く。旅の疲れを癒すためにここにはしばらく滞在することにしているのだが、静かな所なのでのんびり過ごせそうだ。二階の部屋には二段ベッド三組が置かれている部屋に一人だけだ。

さっそく荷物を置いて辺りの散策に出かける。

ストリートリーは樹木に覆われた丘のふもとを流れるテームズ川の岸辺にある町だ。静かで、こじんまりとしていて町というよりも村だ。赤いレンガ造りの古い住宅が並んでいて、リタイアした人たちが移り住んでいるらしく、いかにも落ち着いた雰囲気に包まれている。
この辺りのテームズ川はまだ川幅も狭く、大きく曲がりくねりながら緑の木立のそばを流れている。日本の川は土手などで川岸が小高くなっているのでかなり上から川面を見下ろすのが普通だが、この辺りのテームズは、水量が豊かな上に土手がないので地表すれすれに水面をのぞかせるようにして流れていて、いまにも地面から溢れてしまいそうだ。

テームズの静かな流れ

川には水の流れを調節するための堰が設けられていて、その辺りで三本ほどの支流に分かれている。堰のそばの橋を渡るとすぐにゴリンという、これまた小さな町になる。ユースのそばにはパブがあるだけでほかに店らしいものがなく心配だったが、ゴリンに小さな商店街を見つけて安堵する。
富裕層が多く住む所らしく、船が何隻も係留されていて、船で釣りを楽しむ人たちも見かける。川幅が狭いこともあってやたらに細長い船ばかりで、船を操るのも大変そうだ。こんな川幅の狭い所で面倒な思いをしながら船で遊んだりするのがいかにも金持ちの道楽といった感じがする。年の大半が冬みたいな気候の国では、それなりにレジャーを楽しまなければ神経が持たないということなのかもしれない。

六月二十二日　ストリートリー

朝から雨が降りつづく。長袖シャツ一枚では肌寒い。食堂に行くとこじんまりしたユースということもあって、食事の準備は六十歳くらいのオーナーがひとりで切り盛りしている。いつもの通りのイングリッシュ・ブレックファストの朝食。

食べている時、突然「イギリスで美味しい食事がしたければ、一日に三回朝食をとればいい」という小説家サマセット・モームの有名な言葉が頭に浮かぶ。イギリスでは朝食は素晴らしいが、それを除けばまともな料理は存在しないとイギリスの料理のまずさを皮肉った、いかにもイギリス人らしい言葉だ。しかし、この言葉の意味がいまいちよくわからない。よくよく考えてみるとイギリスに来て以来、その「美味しい朝食」というものにお目にかかった記憶がないのだ。

頭をひねりながら、その「朝食」とは、いったいどういう料理なのかと考えているうちに、このイングリッシュ・ブレックファストのことを指していることに気づく。どう考えても「美味しい朝食」とは結びつきそうもないこのイングリッシュ・ブレックファストがその正体だったのだ。

そもそも、イングリッシュ・ブレックファストの味付けは基本的に塩だけで、和食のようにダシや調味料を組み合わせて、味に旨味や深みを加えるような料理からはほど遠い。塩気がきつい上に脂っぽくて、カロリーがとんでもなく高く、健康的とはとてもいえない。自転車旅行中ということもあって、栄養面を重視して食べていただけで、そうでもなければ真っ先に敬遠したくなる料理だ。これが素晴らしいと思えるのはやはり動物性たんぱく質中心の食事に慣れた人たちだけで、日本人の体質に合うとは思えない。旅も終わりが近づいた頃になって、やっとこの言葉の意味に気づくというのもいささか情けないが、しばらく唖然となる。

外出もできないので朝食後はベッドで休息したり、洗濯したりして過ごす。洗濯物は、いつものように乾燥室で広げて乾かす。こちらでは洗濯機の隣には乾燥機が置かれ、乾燥室のあるところも多いので天候が悪くても洗濯ができるのでなにかと都合がいい。

旅も終わりが近づいてきたので気分が楽になってくる

今まで休養日でも昼寝はずっと避けていた。睡眠時間がずれて、朝早く起きられなくなるからだ。しかし、ロンドンまでは一日で行ける距離となったので、ビールを飲みながら心おきなく昼寝して過ごす。

午後遅く雨が上がったのでテームズの川岸を散歩するが、今日も肌寒い。この町にはやはり富裕層が多いらしく、ロールスロイスを見かける。もともとイギリスでは高級車が目立つ。それだけ金持ちが多い国ということになるが、この国では階級社会のなごりみたいなものが強く残っているらしく、家、車、学校、服装、装身具、立ち居振る舞い、言葉遣いなどで、自分の所属する階級に相応しいものを選ばざるを得ないような社会からの圧力が働いているらしい。

夕方、黒い髪に白い肌、太り気味の三十歳くらいの男性が入ってくる。

「アハマッドと言うんだけど、もともとはイラクのバクダットの大学でナノ・テクノロジーを使ったチップの設計の研究していて、今はニューカッスルの大学に留学してるんだ。今日はセミナーに参加するためにこちらに来たんだよ」と自己紹介してくる。

イラクでもチップの研究が行われているのを知って少し驚く。イラク政府から選抜されて留学しているくらいだから、将来国を背負って立つ人材として期待されている人なのだろう。イスラム圏の人たちと会話するにしても、そもそも共通の話題が少ないし、下手に宗教がからんだ話にでもなるとやっかいなことになりかねない。ベルファストの宿で同室だったクウェート人との間で会話がまったくなかったりしたこともあって、最初は少しとまどいを感じていたのだが、この人物、小さい頃は日本のアニメを見て育ったというだけあって、あまり壁を感じさせない。緊張せずに話せるのでホッとする。

「留学を終えたらどうするの?」

「イラクに帰るよ」

「でも、あちらは内戦で混乱していて、危険なんだろ?」

「そんなことはないよ。内戦状態になっているのはイラクでも北の方だけでバクダットは安全だよ。あまりニュースに惑わされたらダメだよ」と強い口調で否定する。

「周りにISに参加しているような人はいないの?」

「自分の周囲にはいないね。ＩＳは国外から来た狂信的な連中が参加しているだけだよ」

「イギリスを旅行したりする時の食事はどうしてるの？　ムスリムは特別に許された食べ物しか食べられないんだろ？」

「ニューカッスルでは女房と子供二人と一緒だし、ムスリムも多い所だからハラール食に困ることはないね。旅行をしている時などは野菜とか果物で済ませればいいわけだから」

ハラール食とはイスラム法でムスリムに食べることが許されている食べ物のことだ。そういえば、イギリスのレストランではベジタリアン向けの料理が用意されている所が目立つ。少し不思議に思っていたのだが、肉食には一定のきまりのある宗教を信じる人たちはベジタリアン用の食事をしているらしい。そんなこともあって、ベジタリアン・フードを選ぶのは健康面からというより、宗教的な理由からの方が多いようだ。

「イスラム圏のことは詳しくは知らないけど、スンニ派とシーア派の紛争だけはいっこうになくならないね。なんでこんなに激しい争いがつづくのか、その理由がまったく理解できないんだけどね」

「それには長い歴史があってね。教育のない人たちは因習にがんじがらめになっていて、そのことを批判的に考えることができないからなんだよ。そもそもイスラムが成立した時にはスンニ派とかシーア派とかの区別なんか存在してなかったわけだしね。それにイラクは昔はキリスト教徒やユダヤ教徒も一緒に住んでいた所だからね、そんなことに意味があるわけがないよ。現に自分はシーア派だけど妻はスンニ派だよ」争いの愚かさにはもううんざりといった表情で語る。

「そうだとしたら、学校などで両派の確執を解消するための教育とかされているのかな？」と質問するが、はかばかしい答えは戻ってこない。どうやら、その種の教育が行われてはいないらしい。両派の激しい争いを見ているとそれぞれの宗派が相手を同じイスラムとはみなしていないようだし、そもそも教育程度で対立が解消できるとはだれも思っていないだろう。長年の抗争がもたらした憎しみだけが独り歩きし、もはや修復不可能な状態になっているとしか思えない。

「イラクの今の混乱は、米国がサダム・フセイン体制を破壊しつくして、国を支える人材がいなくなったことが最大の原因なんだよ。サダム・フセインはスンニ派だったけど、シーア派だけでなくスンニ派の人たちも殺害したりしていたしね。とにかく自分の周囲には戦争で命を亡くした連中はいっぱいいるよ」問題解決の糸口があるのかどうかさえもわからない状況ということもあって、アハマッドの話は聞くだけで終わってしまう。

夜はユースのそばのパブで豚肉のステーキを食べるが、塩味しかしない。こちらでは卓上の調味料を使って自分で味付けして食べるのが常識になっているらしいのだが、そもそも味付けは料理人の仕事のはずで、わずかな調味料をふりかけるだけでまともな料理になるとは思えない。

六月二十三日　ストリートリー

今日はいよいよイギリスのEU問題を決める国民投票の日だ。事前の予測では残留が確定的ということもあって、周りの雰囲気もいつものように平穏で、とくに変わった様子は見られない。

アハマッドがセミナーに参加するために外出した後は部屋に一人だけ。雨で外出する気にもなれず、部屋ではビールを飲んだりして過ごす。

夜、アハマッドが帰ってくるなり「イギリスの食事はひどいね。とにかく料理とはいえないよ。フィッシュアンドチップスって、いったい何だね、あれは」と開口一番あきれたような表情で語る。どうやら今日は外でかなりまずい料理を食べさせられたらしい。

日本でイギリスに滞在歴のある人たちが集まってイギリスのことが話題になった時、その連中が真っ先に口にしたのが食べ物のまずさだった。皆、苦笑を浮かべながらイギリスの食事には呆れ果てたといった表情で語るのを聞いていたこともあって、格別驚きもしなかったが、このイラク人はイギリスの食のレベルを知らなかったようだ。

「イラクではみんななにを食べてるの?」

「米を食べてるよ。あと牛肉とかチキン、魚とかかな」イラクのような乾燥地帯でも米が作られ、日常的に食べられていることを知って驚く。ヨーロッパでは、米は一般的とはいえないようだが、ブラジルでは米はよく食べられているらしいし、ユースの食堂でも黒人たちが米を食べているのを見かけたりする。世界的には米が日常食になっている所は多いらしい。

彼は、トマトをすりつぶして牛肉と一緒に煮込んだ赤茶色のイラクの料理の画像をスマートフォンで見せながら「これが旨いんだよね」舌なめずりするような表情で話し始める。

「美味しそうだね。でも、辛そうだ」

「全然辛くないよ。あちらの人間は辛いのが大の苦手でね。でも、油がすごいよ。とにかく大量の油を使うからね」

お返しに日本の料理ではすき焼き、牛丼などの画像を見せてやると「美味しそうだな」との反応。長い間、日本食から遠ざかっていることもあって、画像を眺めているうちにこちらも舌なめずりしたくなってくる。

「ところで、イラクでは自転車に乗ったりするの？」

「とんでもないよ。気温が五十度にもなるんだよ。炎天下で自転車なんかで走れるもんじゃないよ。とにかく暑いから、あちらでは日本製のエアコンが必需品になってるんだよ」

「寒い時期はないの？」

「年のうち二、三ヶ月くらいは寒いよ。その時期にはちゃんと暖房器も使うしさ」

そこで日本のコタツの画像を見せて使い方を説明したりする。

しばらくして、「ここで礼拝してもいい？」と訊かれる。

「ああ、いいよ。公園などでイスラムの礼拝を見たことがあるしね」

「昼間はセミナーの関係でお祈りをする暇がなかったから、今からその分をまとめてお祈りしたいんだ」と言いながら、直立して、両手を組み、顔をやや下に向けて黙想するような仕草をした後にしばらく正座し、床に両手を付いて頭を低くさげる。これを何度も繰り返して、礼拝を終える。

「シーア派とスンニ派とでは作法に違いがあるのかな？」

「少し違いがあるよ」曲げた左腕の上に右手を添えたりしてその違いを教えてくれる。

イスラム教は一日五回の礼拝が義務付けられていて、ギャンブルや飲酒が禁止されていたり、食べ物にも数々の制約があったり、日常生活に厳しい制約が科せられている。おまけに人間にとっては無二の親友ともいえる犬が不浄なものとされて忌み嫌われたりで、どう考えても合理性に乏しくて窮屈そのものとしか思えない。

しかし、イランやイラクなどで西欧化が進み、一時的に社会が自由な雰囲気になっても結果的に旧来の社会に揺り戻されている状況を見ていると、傍目には人々を拘束して重荷になっているとしか見えない戒律の厳しさも、イスラム圏の人々にとっては逆に人々の側が必要としているのではないかという感じがしてくる。

出発するアハマッドを見送る

社会を維持していくには人々が自らの欲望を適宜コントロールしていくことが大前提になるが、激しい気性から欲求を抑える能力が十分でない人々からなる社会では、そのためのルールは必然的に厳格なものにならざるを得なくなる。

そういったことを考えてみるとイスラム教は心の救済のためにあるだけでなく、社会に秩序をもたらすために必要不可欠なものとなっているのではないかということに思いいたる。

煩雑で厳格なルールは一見すると面倒なものかもしれないが、ルールが詳しく具体的に決まっていればそれさえ守っていれば、日常の判断に迷うこともなくなるし、争いごとも抑えられる。とにかく現世での不運はすべてアッラーの定めということになるわけだから、悩んでも仕方がない。いわば生き方がマニュアル化されているようなものだ。そう考えてみるとイスラムも慣れてしまえば案外楽ということなのかもしれない。

しかし、イスラムの教えを信じ善行を積み重ねていれば、来世が約束され死の恐怖からも解放されることになって究極の喜びがもたらされてくるはずだが、イスラムの人々の表情からはそれらしきものが感じられないのが不思議に思える。

いくら来世の存在を確信していたとしても、天国の他に地獄もあることになると確実に天国に行けるという保障があるわけではないということなのだろうか。そうだとすれば、たとえ信仰があったとしても生きているかぎり悩みや苦しみから逃れることはできないことになるが、傍目で見ているかぎりはその点がよくわからない。

「ところで、日本の子供のしつけが行き届いているのは周りが可愛がって育てているからなんだろうね」と繰り返し聞かれる。日本の秩序や規律の良さがどこから生まれているのか、その理由を知りたがっているらしい。こちらもその答えがうまく見つからないので言葉を濁すしかない。

こうやって、日常生活のあれこれについてとりとめのない会話を繰り返していると、ムスリムといっても他の国の人たちと特段変わった人たちとは思えない。

六月二十四日　ストリートリー

久しぶりに晴れ間が広がったので、さっそく町の見物に出かける。歩いて回れるほどの小さな町なので、ゆったりとした気分で歩く。樹木に覆われた岸辺の緑が白鳥たちの遊ぶ川面に映え、古い赤レンガ造りの家々が落ち着いた雰囲気を醸し出している。橋を渡り、ゴリンに向かって歩く。テームズがその間を流れているだけで、ストリートリーとは同じ町みたいなものだ。ゴリンの小さな駅の辺りを周って、テームズの岸辺を散策する。

ストリトリーとゴリンの岸辺を流れるテームズ川

散歩から戻って、パソコンを開くとＥＵ離脱が決定的とのニュースが飛び込んでくる。まさかの結果に唖然として、あわててラウンジに飛んでいき、テレビの前にかじりつく。ＥＵの将来の動向を左右する出来事だけに、投票状況の解説を見ているとまさに歴史の転回点に立ち会っているような気分になってくる。

ユースのオーナーに「ＥＵ離脱にはびっくりしたよ」と話しかけると「自分もだよ」と驚きと同時にとまどったような表情で言葉が戻ってくる。予想外の結果に少し動揺している様子さえ感じる。

「ＥＵもいずれは崩壊しそうなので、イギリスも早めの決断をした方がいいかもしれないね」

「そうかもしれないね」とオーナーは少し曖昧さを含んだ表情でうなずき返す。しかし、旅行者にしかすぎない自分と違って、イギリス人にとっては生活に直結した問題だけあって、オーナーの表情はさすがに不安を隠しきれないようだ。

午後はまた天気が崩れる。このところずっと空模様がおかしい。三日後にはロンドンに向けて出発するので、それまでには天気が回復することを祈るばかり。

「こちらの天候はいつもこんなものなの?」とオーナーに尋ねてみる。

「今年は五月がまともだっただけで、例年に比べると四月と六月は少し異常な気候だね。いつもなら、この季節になれば初夏の気候になるんだけどね」と同情される。

こちらの人と話すときには、ついつい天候の厳しさが口から出てしまう。相手もそのことはよくわかっていて同情してくれるのが常だ。時には相手から「申し訳ないね」と謝られることさえあるくらいだから、気候の厳しさも相当なものだ。

六月二十五日　ストリートリー
曇り空で相変わらずの肌寒さがつづく。六月の終わりがこれでは、イギリスは本当に気候に恵まれない国だ。
このところパソコンの具合が悪くてメールの送受信ができなくなっていたのだが、メールの設定をやり直したりしていると突然回復。バッテリーがダメになってるのでだましだまし使えるという程度だが、それでもなんとかしばらく持ちそうなので少し気分が軽くなる。

昨日はEU離脱のニュースに驚かされたが、イギリス国内にも動揺が広がっているらしく、当分はイギリスもEUも混乱は避けられないようだ。

そもそもEUはヨーロッパからの戦争の根絶という遠大な目標を目指しているので、EUに財政や国家の統合を模索するような動きがあるのはある意味当然なことだ。しかし、理想と現実との間に横たわる亀裂の大きさが無視できなくなってきたことがEUをめぐる混乱の原因となっているらしい。

赤レンガの家が並ぶ静かな村ストリートトリー

六月二十六日　ストリートトリー

曇りで肌寒い。しばらく休養したので、疲労もとれてきたようだ。いよいよ明日はロンドンに向けて出発する。明日がこの旅の最後の走行ということもあって、気分が高ぶってくる。しかし、困ったことにロンドンに近づいたこともあって、道路が複雑すぎて、いくら地図を眺めてもどの道路を進めばいいのかわからない。ロンドン周辺は多くの都市が集中して、一帯が一つの都市みたいになっているからだ。

普通は大きな川のそばには自転車道があるのだが、テームズ川にはそれらしきものが見当たらない。たとえ自転車道があったとしても、テームズは大きな蛇行を繰り返しているので、自転車道で進むとした

緑に包まれたストリートリーの家々

らとんでもない距離になってしまう。とにかく初めはおおまかに東の方向に向かって走り、途中から徐々に軌道修正しながらロンドンを目指すしかない。

ストリートリーのなごりを惜しむようにテームズ川のほとりを散策する。三ヶ月ほど滞在してイギリスの気候の厳しさはよくわかっているつもりだが、六月になっても寒さがつづく。一年の半分が日本の冬の季節といってもいいほどの気候はさすがに自分には苛酷すぎた。しかし、つくづく考えさせられるのはイギリスという国の特異性だ。イギリスは、国土が狭隘な上に丘陵地帯が多いなど地形も厳しく、地下資源もそれほど豊富というわけでもなく、条件的に恵まれているとはいえない小国だ。それでありながら、産業革命を起こしたことなどを考えるとやはり少し不思議な感じがしてくる。

イギリスが海外に植民地を拡大していったことがイギリスの産業革命の原動力になったわけだが、海に囲まれた小さな島国だったことが海外への進出をうながし、気候、地形などの環境の厳しさが不断に努力する堅忍不抜な国民性を形成していく大きな要因になったことは間違いないようだ。

そして冬が長くて天候に恵まれなかったことが、学問や研究の進歩する下地、つまり外部から遮断された室内で精神的なエネルギーを一挙に集中させるような環境があったことが、イギリスの世界をリードする知的成果につながっていったのだと感じる。

条件的に恵まれなかったことが、逆に利点となっていったこの国の歴史は、とくに日本人には多くの示唆を与えてくれるように思える。

第十五章　再びアールズ・コートへ

六月二十七日　ロンドン　当日：一〇四キロ　累計：二八二八キロ

朝八時、いよいよロンドンに向けての出発だ。雲が厚く、今にも雨が降り出しそうな空模様。走っていると、時折道のそばにテームズの川面が姿をのぞかせる。先ほどまで雨が降っていたらしく、道の両側を覆い尽くすように生い茂った樹木も雨に濡れそぼっている。道は曲がりくねっているが、起伏はゆるやかだ。

一時間ほど走って空が明るさを増した頃、レディングに到着。結構にぎやかな町だ。商店街を走っていると黒人、中国人、インド人など人種も民族も種々雑多で、地方の町とは少し違った雰囲気になってきて、都会に近づいている感じがし始める。

大きく蛇行しながら東に流れるテームズ川に沿って進む。そのうち道路沿いには家並みが目立ち始め、テームズの川面を見かけることも少なくなる。メイデンヘッドを通って、昼頃ウィンザーに着く。テームズ川を見下ろす高台にはウィンザー城。エリザベス女王も日常を過ごしている所ということもあって、城の辺りは観光客で溢れて、いかにも華やかな雰囲気の町だ。自転車を押しながらこじんまりした繁華街をしばらく見物して歩き、再び出発。

ステーンズ、シェーバートン、ウォルトンなどの町を通り過ぎる。途切れなく町並みがつづき、ロンドンに近づいてきたのを実感する。キングストンを通って、夕方の五時を過ぎた頃やっとリッチモンドパークにたどり着く。ここはテームズ川を挟んで、ロンドンの中心部の南に位置している。もうロンドンに着いたようなものだ。厳しいスケジュールで綱渡りの旅をつづけてきたので喜びが体中に溢れ、開放感に満たされる。ここはもともとは鹿狩りの場所だったのだが、今は自然をそのまま残した広大な公園になっている。公園の中には車も通れる道路もあって、車が列をなして周りの風景を楽しみながらゆるやかに進んでいる光景が、いかにものどかさを感じさせる。道の周りには樹木が生い茂り、芝生が広がる。ウサギは近づくとさすがに一目散に走って逃げていくが、鹿は道のそばでのんびりと草を食べるだけで逃げる気配もない。首都圏にこれだけの規模の自然を残した公園があるのには感心するばかり。

対岸のロンドンの中心部に向かうために橋を探し回り、ハマースミス橋を見つけて渡る。ロンドンの中心部に近づき、おまけに夕方の帰宅ラッシュにぶつかって、狭い道路には車が溢れてすさまじい混雑ぶ

ウィンザー城。華やかな雰囲気に包まれている

りだ。

　そのうち、道路のあまりの複雑さにどこを走っているのかわからなくなる。あちこちで道を尋ねながら進む。ロンドンに無事に着き、旅がこれで終わるという思いに気持ちが高ぶってくるのを感じながら、迫り始めた夜の闇の中を走りつづける。走行距離がほぼ一〇〇キロを超えた辺りでようやく場所の手応えがし始める。アールズ・コートに近づくにつれて、少しづつ場所の記憶がよみがえり始め、なつかしい思いがわき上がってくる。店の立ち並ぶアールズ・コートの通りをしばらく進んで左折する。両側に四、五階建ての白いフラットが立ち並ぶ通りに入ると、すぐにこの旅最後となる宿が目に飛び込んでくる。

　自転車を止め、階段を上ってドアを開けると受付だ。

　チェックインの手続きをしながらカウンターの奥に缶ビールが冷やしてあるのを見つけて飛びつくように注文。スタッフの私物だったのだが、一缶プレゼントしてくれる。これでなんとか旅は終わったという開放感に満たされながら、その場でささやかな祝杯を味わう。

　急な階段をいくつか上って部屋に入ると二段ベッドが三組の狭苦しい所だ。荷物をベッドの脇に置き、重荷から解き放たれたような気分になって、ベッドに疲れ切った体を横たえる。すると、さっそく斜め上のベッドにいた四十歳くらいのやせ形の男性が話しかけてくる。

「どこから来たの？」

「日本からだけど、自転車旅行が終わったばかりなんだよ。貴兄は観光で来たの？」

「いや、この近くのフラットに住んでいるんだけど、今改装中なので半年ここに住むことにしていてね」

「仕事はなにやってるの？」

「ロンドンの大学で歴史を教えてる」

「自分も歴史の本読むのは好きだよ」歴史好きといっても、年号も満足に覚えられないほど記憶力が悪いこともあって、まともな知識があるわけでもないが、もともと関心のある分野なのでいい話し相手ができたようだ。

「専門分野はなんなの？」

「とくに特定の国の歴史をやっているわけではなくて、世界の中世史を横断的に研究しているんだ」

とにかく、狭い部屋で会話がないのは気詰まりなので、これは格好の話し相手ができたと気持ちが軽くなる。

あくまで門外漢の駄弁にすぎないが、海外にはイギリスのトインビーのように通史の書ける歴史家は珍しくないが、日本の場合にはどういうわけか歴史の専門家で本格的な通史が書けるような学者が見当たらないようだ。日本史の研究などを見ているとやたらに細分化されていて歴史全体を鳥瞰するような本の書ける研究者が少ないような感じがする。厳密さを重視する日本人の几帳面さが影響しているのかもしれないが、世界史の通史ということになれば、世界の流れを見通せる視野の広さや透徹した洞察力が必要になる。視野の狭い思考に陥りがちな日本人には少し難しすぎる仕事なのかもしれない。

「最近はどんなテーマの研究をしてるの？」

「ロンドンの東側の工事現場で大量の遺骨が発見されたんだよ。その発掘作業に従事してたんだけど、それがていねいに埋葬されたという形跡がなくて、遺体がただ穴の中に放り込まれたような状態で見つかったんだ。この仕事は論文に一応まとめたけどね」

「黒死病かな？」

「そうだね。黒死病で亡くなった人たちだね。それが面白いことには発掘された辺りはいまは高級住宅街になっててね」と笑いを抑えきれないといった様子で語る。

ひと眠りして深夜になった頃、公衆電話から日本に電話をするため外出。アールズ・コートの通り沿いのコイン式の公衆電話から電話をしようとするが、かからない。少し移動して、別の公衆電話を見つけるが、これまたかからない。おまけに二台ともコインが戻らないときている。カード式の公衆電話を見つけるがここもダメ。ようやく四台目でなんとか、かかったので安堵の胸をなでおろす。

ヨーロッパの公衆電話は故障が多くて使いにくいのはもはや常識だが、そもそも、こちらは全般的にサービスの質が低いこともあって、人々もサービスというものにそれほど期待しているようには見えない。文句も言わずに我慢しているイギリス人の忍耐心の強さに感心するばかり。

六月二十八日　ロンドン

ロンドンに着いてさっそく見物といきたいところだが、まずやらなければならないのは、自転車を日本に持ち帰るための段ボール箱を手に入れることだ。インターネットで近くの自転車店を調べて、そこで入手することにして外出。久しぶりの青空で、町を歩くのも気持ちがいい。ケンジントン通りの自転車店まで歩いて行く途中、警官が職務質問している姿を立て続けに見かける。質問されている相手はいずれも中東系だ。

警官は質問を繰り返して、いかにも重要な聞き取りでもするかのように手帳に書き込んでいる。そのいささかもったいぶったような態度を眺めていると意図的な嫌がらせに見えなくもない。

難民の流入に業を煮やした政府が、ありとあらゆる合法的な手段を駆使して、なにがなんでも難民の安易な流入だけは断固阻止するぞといった意思表明に見える。

アールズ・コートは、狭い通りの両側に庶民向けの飲食店などが立ち並ぶにぎやかな所だ。近くには高級住宅街もあるのだが、こじんまりとして気取らないでも歩けるので長旅がようやく終わったという開放感も手伝い、浮き浮きした気分で町を歩く。

宿に戻ると二段ベッドの上で休んでいた歴史学者のスティーブンが「ディーゼルだ！」とつぶやきながら忌々し気な表情で咳をする。かなり気管支が弱いらしく、時々咳き込むようだ。彼にとってはロンドンの大気汚染は深刻そのものの問題のはずだが、咳が終わるとまた平然とした表情に戻る。

この大気汚染の原因は車の排気ガス、とくにディーゼル・エンジンの影響が大きいといわれているが、フォルクスワーゲンのグループが環境に良いディーゼルとして捏造した「クリーン・ディーゼル」が環境悪化に大きな役割を演じたことは間違いない事実だ。まさに巨大な詐欺事件といってもいいはずなのだが、EU内部でこの犯罪的行為に加担した自動車メーカーに対して大きな制裁が科せられたという話はいまだに聞かない。

自動車産業を追い詰めて経営悪化を招くことにでもなれば、経済全体に深刻な影響が生じかねないという配慮があるからだろう。官民一体となって、事実を覆い隠そうとしているとしか思えない状況はヨーロッパの想像を超えるモラルの低さを感じると同時にEU全体の衰退を象徴しているように思える。

「ところで、EUの国民投票の結果についてはどう思ってるの?」とスティーブンに質問してみる。

「自分は離脱に投票したよ」とあっけらかんとした答が戻ってくる。

「まだ、だいぶ混乱してるようだけど、EUも先行きがなんだか危なかしくなってきたので、イギリスの離脱は賢明な選択だと思うよ」と話すとうなずき返してくる。

六月二十九日　ロンドン

曇り空。午前中はなかなか入手できない段ボール箱を求めて歩いて外出。ウェスト・ブロンプトン駅の前を通り過ぎて、しばらく進むとノースエンド・ロードの商店街だ。そこをさらに通り過ぎた辺りで自転車店を見つけ、この店でも段ボール箱を譲ってもらえるよう頼み込む。

戻る途中、商店街を見物しながら歩く。野菜などの食品、日用品、雑貨の類を売っている露店や商店が狭い道路の両側にひしめき合い、買い物客が溢れていて、辺りはいかにも庶民の住む地域といった雰囲気だ。とにかく外国旅行をしている時の楽しみの一つは、地元の食材を扱う店が立ち並ぶ辺りを眺めて歩くことだ。その国の日常生活に密着した部分が観察できて、高級品を扱う店を見て歩くよりもよほど面白い。

商店街で銀行を見つけたので、このところ立て続けに受け取りを断られた北アイルランド紙幣を交換してもらうことにする。

「ここは口座がないと交換できないから郵便局で交換してもらいなさい」と窓口で言われて、近くの郵便局で、やっとポンド紙幣に交換してもらう。

「この紙幣は北アイルランド以外では使えないんですか?」

「いや、使えることになってるけど、一部では断られたりすることもあるね」なんとも適当な答えが戻ってくる。連合王国といっても、人々の間では北アイルランドは別の国という意識があるのだろう。日本だったら政治問題になってしまいそうだが、こちらの人たちは平然としてなんともおおらかだ。この鷹揚さがサービスの質の低さにつながっているような感じがするが、そもそもこちらの人たちにはサービスは期待しても仕方がないという気持ちがあるらしい。

日本のように過剰なサービスに慣れ切ってしまうとこの国で暮らすのも一苦労だ。

六月三十日　ロンドン　当日：三三キロ　累計：二八六〇キロ

スティーブンが姿を見せたので「昨日は見かけなかったね」と話しかける。「別の場所で学生のレポートの採点をしてたんだよ」結構、採点は真剣にやっている様子。

話しているうちにスティーブンはまたもや「ディーゼルだ！」と顔をしかめながらつぶやき、咳き込み始める。

ロンドンでは車の混雑を緩和するため、ロンドンの中心部への車の乗り入れには特別な料金が徴取される仕組みになっている。しかし、狭い道路にひしめく車の過密ぶりを眺めているともはや限界を超えているとしか思えない。この空気の悪いロンドンで咳をしながら住んでいるスティーブンの我慢強さには感心するばかり。

ロンドン滞在も四日目となったが、簡単に入手できると思っていた段ボール箱は依然として入手できない。このままではロンドンの見物もできないので焦り出す。そこでインターネットでハリフォーズという大型店を見つけて、そこでもらい受けることにする。その自転車店は大英博物館の近くにあるので、運ぶのも大変だが、近くの自転車店で入手できるまでこのまま悠長に構えて待つという気にはなれない。

段ボール箱を入手しに自転車で出かける。ハイド・パークの横を通って、ロンドン最大の繁華街オックスフォード通り、ピカデリーサーカスを通り抜け、ハリフォーズを見つける。担当者に頼むと「四時頃来てくれれば箱が出るはずだよ」とのことでまた出直すことにして、いったん宿へ戻る。

道路は車で溢れ、おまけに「そこをどけ！」みたいにクラクションを鳴らされるので道を進むのも冷や冷やだ。

やっとアールズ・コートにたどり着き、通りを曲がったとたんにすぐ後ろで大きな音がする。直進してくる車に左折しようとした車が衝突したのだ。道路の真ん中で双方のドライバーが言い合いを始めるが、これほどの過密状態の上に荒っぽい運転では事故が起きても当然かもしれない。

夕方になって、また自転車でハリフォーズに向かう。なんとか空き箱が入手できたので肩の荷がおりた気分になる。ところが問題はどうやって持ち帰るかだ。日本を出発する際、家から空港まで自転車を運ぶ時にはライトバンのタクシーを頼んだのだが、ここではわざわざ大型のタクシーを頼むのも面倒だ。とにかく長さが一メートル以上、高さが七〇センチ、巾も三〇センチほどあるので自転車で運ぶしかない。段ボール箱をハンドルとサドルの上に載せたり、あれこれ試してみるが風が強くて吹き飛ばされそうになったりして弱り果てる。右側のペダルの上に段ボール箱を載せて右手で段ボール箱を押さえるようにするとなんとか運べそうなので、この独創的な方法で進むことにする。

ロンドンの繁華街を大型の段ボールを自転車の片方のペダルの上に載せて運ぶのは珍奇なものだが、段ボール箱を確保しないことにはロンドン観光も始まらない。ここは恥をしのんで頑張る。

途中で出会った男性が笑顔で「頭がいいね」と誉めてくれたが、二時間かけて宿にたどり着いた時は疲れ切ってクタクタ。しかし、ともかくも段ボール箱が入手でき、ずっと頭を悩ました宿題がなくなったので長い間の胸のつかえが取れたような気分になる。

七月一日　ロンドン

明け方から雨。昼、小雨の中を買い物に出かける。肌寒くて、歩いている人たちには厚着が目立つ。七月になってもこれではイギリスはやはり北国だ。

宿に戻るとイーデンからのメールが来ている。明日、ハイド・パークのカフェで落ち合うことになった。

スティーブンが顔を出したので、カーライルからベリングハムに向けて走った時のことを思い出しながら、疑問に感じていたことを質問してみる。

「イギリスの北部にあるハドリアヌスの長城とか、アントニヌスの長城とかが造られた理由がよくわからないんだけどね。紀元前後のローマ帝国は当時としては先進の文明国だったわけだよね。かれらは世界最強の軍事力も持っていたはずだけど、気候が悪くて生産力に乏しい辺境の地にすぎなかったスコットランドの蛮族にどうしてあれほどまでにてこずったんだろうね？」

「いまは森はなくなってしまったけれど、当時あの辺りには森が広がっていたんだよ。蛮族たちは森の茂みに身を隠して矢を射ったりして攻撃したから、重装備で隊列を組む戦法をとっていたローマの軍団は歯が立たなかったんだよ」自分の知識を披歴する場が来たという表情になったスティーブンはそう言いながら、茂みに隠れて弓を引くような仕草をする。

「それではまるでベトナム戦争で敗退した米軍やアフガニスタンで苦しんだソ連軍と同じだね」

「そういうことさ。北方の蛮族はジャングルにトンネルを掘って戦ったベトコンみたいなものだね。自分はハドリアヌスの長城の近くのノーサンバーランドに生まれて、小さい頃はこの遺跡に親しんで育ったからね。そのことがわかるんだ」

素人には思いつかないようなことを指摘されたので、なるほど学者の言うことは違うものだと感心。「皆、歴史から学ぼうとしないからね」最後にぽつりと付け加える。

万里の長城にしても敵の侵入を防ぐ効果には乏しかったというのが定説になっている。それはピラミッドの場合と同じように人々に仕事を与えるための一種の公共工事の性格を持っていたのかもしれない。そう考えるとハドリアヌスの長城が築かれたのも似たような背景があったことは十分考えられる。そして、これらの大事業には人々を養うという経済的な効果だけではなく、集団労働を通じて人々を教化し、統制するという社会教育的な効果を狙っていたのかもしれない。いずれにせよ、歴史を読み解くのは容易ではない。

歴史上の出来事には、現代人の感覚や常識では理解できないことがいくらもある。まずは当時の社会や経済の状態を頭に入れておかなければ歴史の理解も表面的なものに終わってしまうとあらためて感じる。

七月二日　ロンドン　当日：一一キロ　累計：二八七一キロ

今日は晴れ。朝九時の待ち合わせなので朝七時過ぎに自転車で出かける。宿からハイド・パークまでは直線距離にして二キロほどしか離れてないが、大事をとって早めに出発する。

晴れているとはいっても風がやたらに冷たくて長袖シャツだけでは寒すぎる。アールズ・コートの通りを横断しかけるとトラックが速度を落とさずに突っ込んでくるのに肝を冷やす。イギリスでは車はクラクッションもしきりに鳴らすし、運転がとにかく荒っぽい。日本と違って、自転車を見かけても徐行してくれる車が少ない。とくに車の少ない早朝は車もかなりのスピードを出すので冷や汗ものだ。

自然史博物館やヴィクトリア&アルバート博物館などが立ち並ぶクロムウェル・ロードを横切り、瀟洒な白いフラットを見上げながら住宅街の通りを進むとやがてケンジントン・ガーデンズの緑が目に入ってくる。その中を進むとハイド・パークだ。芝生のそばには林が広がり、一周するのも容易でないほどの広大さ。大都市の中心にこれほどの規模の公園が維持されていることにはただ驚くばかり。

待ち合わせの場所はハイド・パークの中の大きな池、サーペンタイン・レイクのそばのカフェだ。周りはジョギングやウォーキング、サイクリングをする人たちが通り過ぎ、リードをはずした犬にボールを投げて遊ぶ人たちのいつもの光景。池のそばに立って白鳥たちが遊ぶ姿を眺めるが、風が冷たくて、とにかく寒い。日当たりのいい場所を選んで寒風に震えながら待つうちにやがてイーデンが姿を見せる。

まずは旅のルートと体験したことのあらましを話す。

「とにかく気候が厳しかったのにはまいりましたね。雨と寒さそれに坂がやたら多くて苦労させられましたよ」

「今年は四月も六月も寒かったし、例年に比べてとにかく異常気象だったからね」やはり今年は異常な天候だったらしい。運が悪かったとあきらめるしかない。

「イギリスにはどんな印象を受けました?」

「やはり雨が多くて、寒いのが予想以上だったな。おまけに丘がやたらに多くて、地形的には長距離のサイクリング旅行には厳しすぎる国ですね。それに住むにしても条件的に恵まれた国とは思えなかったですね。とにかく体力的に弱い人間には生きていくのも大変に思えるほど気候条件が厳しい国に感じました。でも、これだけ厳しい国だから忍耐心や克己心が培われて、イギリス人の国民性が造られたんでしょうね。一年の半分が冬みたいな気候だと、学問などの研究や創意工夫に没頭するにはむしろ恵まれた環境といえないこともないでしょうからね」

「そういうことがあるのかもしれないね。イギリスは暗くて長い冬があるせいで、電気やセントラルヒーティングが発展したり、島国だったことで造船業も栄えたりしたのは事実だしね」

生存の条件が厳しくなれば、それをなんとか乗り越えるために努力せざるを得なくなるし、それに伴って資質的に優れた人材が増えてくるということには十分な理由がありそうだ。

「しかし、物価の高さには閉口しましたね。どの町にもB&Bがあって安宿には困らないと聞いていたんだけど」

「日本は六千円も出せばビジネスホテルでちゃんとしたのがあるし、実際自分が福岡に住んでいた頃の住宅費はやたら安かったしね。イギリスは人件費が高いこともあって、安宿が豊富な時代はもう完全に昔の話になってしまったね」とイーデンは以前暮らしていた日本の暮らしを思い出しながら答える。

「ところで、国民投票の結果、イギリスがEUから離脱することになったのにはさすがに驚きましたよ」と投票結果についての感想を尋ねてみる。

「いや、こちらの連中も皆予想外の結果に驚いてますよ」とイーデンはいまだに驚きを隠せないといった表情で語る。

「イギリスには階級社会のなごりみたいなものがいまだにあるんだけど、移民が押し寄せてくることで仕事を奪われたりして、その影響をこうむっている庶民階級の反発が予想外に大きかったということかな。金持ち連中はあまり影響を受けてないけどもね」

「でも、EUの将来は厳しいという感じがするし、早めに離脱した方がいいような気がするけどね」

「いやいや、EUを離脱ということになれば企業もEU諸国に移転したりするかもしれないし、イギリスの企業にはこれから少なからぬ影響が出てくるはずだから、そのことを考えるとちょっとね」と少し表情を曇らせる。とても楽観的にはなれないといった様子だ。

「観光はどうだったの？」

「それなりに楽しんだけど、自分はどういうわけか、観光地の名所旧跡を見物するよりも庶民の普段の生活に触れられるような所の方が好きなんですよ」

「自分もそうだね。ロンドンにもいい所があるよ。バラ・マーケットでものぞいたらいいよ。露店などがたくさん並んでいて面白いよ。きっと興味がわくと思うな」旅の話を終えて、しばらく雑談した後、日本での再会を約束して別れる。

宿に帰って、部屋に入ると、いつも上段のベッドにいる若者が床の上にスーツケースほどの大きさのロッカーを置いて、その上でなにやら作業に没頭している。この宿では貴重品を入れるための個人用の金属製ロッカーがベッドの下に置かれているのだ。

この男性、いつも昼間は寝ていて夕方からバイクで仕事に出かけるのが日課になっているので、言葉をかわしたことがない。

とにかく同室の連中が寝静まった夜半過ぎに戻ってきてロッカーを引きずり出しては錠を開け、中からなにかを取り出してはもとに戻したりする。一晩に何回も戻ってきてはそれを繰り返すのでうるさくて仕方ない。薬物でも売りさばいていそうな様子で、少しうさん臭い感じがしていたのだが、その男がロッカーの上に二〇センチほどの高さの函のような器具を置き、器具の片側にシガレット状のものを一本づつ差し込んではレバーを押している。マリファナを詰め込んでいるらしい。予想した通りだ。ヨーロッパの一部の国ではマリファナは限定的に合法化されたりしていて、イギリスでも個人の使用は認められているらしいが、まともとはいえない仕事だ。

男のやっている作業を横目で見ながら口もきかずにベッドに横たわる。

スティーブンが久しぶりに顔を見せる。

「レポートの採点は済んだの？」

「やっと済んだよ。なんとか大仕事から開放されて今はハッピーな気分だよ」

スティーブンは歴史の先生をしているだけあって、歴史の知識が豊富なのは当然として、なかなかの博識なので雑談していても楽しい男だ。歴史のことなどを質問したりして過ごす。

「ところで、サムェル・ピープスの日記は読んだことある？」

ピープスはペスト大流行やロンドン大火の起きた十七世紀頃を生きた官僚政治家だが、膨大な日記を残していることでも知られている。インテリであることは間違いないが、好色で俗物そのものといったところがどこか憎めない感じのする人物だ。そのピープスを紹介した本を読んで印象に残っていたのだ。

「もちろんさ」

「面白い男だね。日本でもピープスの日記の翻訳が出版されているよ」

もともと歴史の本は気ままに読んだりしている程度だが、歴史の大きな流れよりもその時代に生きた人々の暮らしぶりに興味があるので日記を読むのは面白い。

とくに古い時代に書かれた日記などは当時の生活が細かく描写されていて、時の隔たりを越えてリアリティーを感じさせ、その時代に戻ったような気分にさせてくれるので興味がつきない。石造りやレンガ造りの建物が多いこともあって、ロンドンにはピープスゆかりの建物はいまも多く残っているらしい。いわば町全体が古い日記を読むような気分にさせてくれる所なので、できればゆっくりと見て回りたいのだが、日程の都合もあって、そうもいかないのが残念だ。しかし、イギリスは多くの文化遺産がたくさん残っているので歴史好きにはこたえられない国であることは間違いない。

「ラテン語はやったことあるの?」西洋史の研究には欠かせないはずのものだからだ。

「勉強したことはあるよ。ボーディングスクールでは一応必須科目になっているからね」

「ボーディングスクールって、どんな学校?」

「寄宿制の学校さ。僕は六歳から十八歳までそこで過ごしたよ」

「家から離れて?」

「もちろんさ」

「家にはいつ帰れるの?」

「休暇の時だけだよ」

これを聞いて絶句。

「六歳で家を離れるの?」

「自分のいたボーディングスクールは教会系の学校だったんだけど、とにかく学校のモットーが「Never Despair(絶望するな)」だったからね」と笑う。子供たちはまさに絶望的ともいえる環境に放り込まれるわけだから、まさに身をもって体験させられるモットーになるわけだ。

しかし、幼い子供たちが家庭から離されて厳しい共同生活を送るのは、過酷すぎて日本にはちょっとなじまないタイプの学校としか思えない。

イギリスを旅して感じたのは、気候が予想以上に厳しく、山は少ないといっても丘はやたらに多く地形的にもけっして恵まれた国ではないということだ。この生活環境の厳しい国で高い生活水準を維持していくためには、相当の克己心が求められるのは当然のことだ。徹底した鍛錬を通して、向上心、克己心そして勤勉さを涵養していかなければ生き残ることが不可能な国だからこそ、このようなボーディングスクールという学校が考え出され、国や社会の中枢をになう人材が供給されてきたのではないかという感じがする。

そして、このことと関連したことだが、イギリスでは有名大学へ進むための条件として、人格的な評価が重視されると耳にしたことがある。これは出身校の偏差値で人の価値まで判断しかねない日本とは大違いといっていいだろう。機械的な平等に固執しがちな日本のような国では、教育現場のモラルが必ずしも高いばかりとも言えないこともあって、そもそも人格評価のような恣意に陥りかねない要素が入り込むような制度は運用に懸念があってなじみそうもない。

しかし、現実の問題として、いくら学力があっても人格的に劣っていれば将来のリーダーとしての資質を備えていないと判断されるのは仕方がない。イギリスで人格的な評価の制度が定着しているのは実はこの全寮制の学校が大きな機能を担っているのではないかという気がする。全寮制の学校で教師と生徒が長期にわたり、日常生活を一緒に過ごすような全人的教育が行われることによって生徒の人格評価が可能となる仕組みが造られ、それが基本になって人材の選抜が行われているのではないかということだ。そして、このことには情実が排除されるようなモラルの高さがイギリスにあるからこそ、うまく機能してきたのではないかと思う。

そう考えていくとイギリスが長く世界に君臨できたのは単に人的な資質が高かっただけではなく、人材の育成と選抜方法が格段に優れていたことがあったからのように思えてくる。

午後は、段ボール箱を中庭に持ち出し、予行練習のつもりで自転車を分解してその中に入れる作業をする。しかし、さんざんてこずってしまい、もとに戻すのが面倒になって、箱詰めのままにしておくことにする。自転車でロンドンの町を散策するつもりにしていたのだが、こうなったら地下鉄を使うしかない。

七月三日　ロンドン

久しぶりの晴れだ。大英博物館に行くためにアールズ・コート駅に行く。こじんまりした駅のホールは人で溢れている。チケットの販売機の前には長い行列ができているので列に並ぶ気にもなれず、歩くことにする。

クロムウェル・ストリートを歩いているうちに行列が並んでいる辺りを通りかかる。自然史博物館の前だ。これから開館するところなので、急に気が変わって、こちらを見物することにする。午前十時の開館時間までそばのベンチに坐って待っていると日が照り出し、少し暑くなる。今日は珍しく、いかにも夏らしい日となった。

入館するとまず恐竜の巨大な骨格が展示されているコーナーがあって、その巨大さに圧倒される。

館内には動物、植物、鉱物などが展示されていて、これまた一度では観きれないほどの大コレクションだ。子供の頃に見学していたら目を輝かせて夢中になってしまうような展示物ばかりだ。

博物館見学を終えた後は宿に戻って昼寝。午後遅くなって、近くのハンバーガーショップに行く。ハンバーガーを食べながら通りを眺める。日曜日で晴れ間が広がったこともあって、人が溢れ、皆伸び伸びとした様子で好天気の一日を楽しんでいる。歩いている人たちは、相変わらず人種も民族も様々で、黒いベール姿の女性も目立つ。

宿に帰る途中、交通事故の現場を通りかかる。一方通行になっている通りだが、狭い通りに車が溢れているとやはりいつ事故が起きても不思議はない。

宿に戻るとスティーブンがいつものように「またディーゼルだ！」と忌々しそうに呟きながら咳き込んでいる。「マスクでもしてみたらどうなの？ 日本では普段からマスクをしている人が多いよ」見かねてアドバイスする。

「ハイデルベルクに行った時、日本人の観光客たちが白いマスクをしているのを見てびっくりしたことがあるよ。あそこは空気のきれいな所なのにな」と笑いながら答える。こちらでは自転車に乗った人のマスク姿をたまに見かける程度で、医者などの特別な職種を除いてマスクをする習慣がない。そんなこともあってか、こちらの人たちには日本人のマスク姿は異様に映っているらしい。しかし、ロンドンの大気汚染は昔から悪名高いにもかかわらず、マスク姿の歩行者を見かけないというのも考えてみれば不思議だ。とにかく、こちらの人たちはマスク姿によほどの違和感を持っているらしく、スティーブンもマスクをしてみる気などさらさらなさそうだ。

「イギリスで気に入っている町はどこなの？」

「そりゃ、なんといってもロンドンさ」といつも呟き込んでいながらロンドンを離れる気にはならないらしい。

七月四日　ロンドン

朝、航空会社に電話をかけるために外出。先日四台目でやっとかかった公衆電話から電話をしようとするが、今度はかからない。何度やり直してもダメだ。別の公衆電話を探してなんとかつながったのでホッとする。その後、大英博物館に行くため、アールズ・コート駅に行って乗車券を買おうとするが、紙幣が使えるタイプの券売機が少ない上に両替もしてくれない。地下鉄の駅が地域別にいくつかのゾーンに区分されてゾーンごとに料金が変わる仕組みになっているらしく、チケット購入もなんともわかりにくい。

係員の周りを買い方を尋ねる観光客たちが取り囲んでいる様子を見ていると乗車券を買うのに皆苦労しているらしい。自分も買い方がわからなくて困っていると係員が代わりに買ってくれた。なんとか大英博物館に向かう。

大英博物館は収蔵品のコレクションが六百万点にも及ぶのでまともに全部を観て回るのは一日や二日ではとても無理だ。そこで主にメソポタミア文明の展示を中心に見学するが、次々と現れる展示物の膨大さにただただ圧倒されるばかり。展示物を理解しようにも満足に知識がないこともあってもどかしさを感じているうちに、いつの間にか見学が終ってしまい、消化不良の気分になる。

宿に戻るとスティーブンがいたのでさっそく大英博物館の話になる。

「展示品はさすがにすごいね。圧倒されてしまったよ。でも、古文書に興味があるんだけど、今日はあまり見なかったな。展示されてないのかな?」

「古文書だったら大英図書館だよ。でも、あそこは一般にはあまり公開してないからな」

「イギリスは、古文書は残っている国なの?」

「ああ、いっぱいあるよ。あちこちに大量に残ってる」それこそ無尽蔵みたいな言い方をするので、少し羨ましくなる。

「日本も世界的に見れば古文書は結構残っている国だけど、第二次大戦でかなり焼失してしまったからな」

「それは残念だね」

「ところで研究者としての君の将来の夢はなに?」

「そうだな。ジンギスカンの墓を発見してみたいね」二段ベッドの上段で腹這いになったスティーブンは少し考え込むようにして答える。

「ジンギスカンの墓は未発見だから、もし見つけられたら世界的なビッグニュースになるね」

「そうだね」と大きくうなずく。

スティーブンは考古学の調査で世界各地を旅したりしているので結構本気で考えているのかもしれない。

イギリスには世界中の考古学資料や史料が大量に保存、展示されていて、常に学問的な刺激を受けているということもあってか、歴史学者としての壮大な夢を抑えきれないらしい。

七月五日　ロンドン
晴れ間ものぞいているが、少し寒さを感じる。

「日本人なの？」上段のベッドの男性が話しかけてくる。大麻の売り子といういささか危うそうな仕事をやっている人物なので、こちらから話しかける気にはなれなかったのだが、狭い部屋でスティーブン以外の住人とは会話もなくて気詰まりだったので少し緊張がほぐれる。

二十代後半くらいの男性だ。

「フランスから来て、今はレストランの配達の仕事をしてるんだ」と自己紹介。どうやらマリファナの販売は副業らしい。

「部屋を借りたいんだけど、五百とか千ポンドとかの前払いの保証金が要るので、仕方なく一ヶ月ほどここに泊まってるんだ。じつは、しばらくここで稼いで、その後は日本に行くつもりにしてるんだよ」

「日本に興味があるんだ？」

「そう。ポケモンとか大好きだよ。それに鳥山明。とにかくフランスでも大人気なんだよ」

日本のサブカルチャーが海外でもブームになっていることもあって、ヨーロッパでも日本に行くのが夢という人は別に珍しくもない。この青年も漫画やアニメに夢中になっていて、日本行きのことで頭がいっぱいらしい。

「日本観光で少し気になってるのは、言葉がうまく通じるかなんだよ。日本はあまり英語が通じない国と聞いてるけど、どうなんだろうね？」と少し心配そうな表情で尋ねてくる。

「英語ができれば問題ないよ。田舎だったらともかく、言葉で困ることはないと思うよ。若い人には話せる人も多いしね。それに物価が安くて食事や宿泊するにも安い所はいっぱいあるから旅はしやすいはずだよ。そんなこともあって、最近は海外からの観光客が急増してるよ。日本は欧米とは異なった文化の国だから、君にとっては興味深い国になるはずだよ。とにかく心配はいらないよ」と言ってやると少し安心した様子。

アールズ・コートの周辺をぶらつく。長旅がようやく終わったという開放感があって、町を歩いていると浮き浮きしてくる。

南東のチェルシーの方にしばらく歩くと様子が一変し、辺りは瀟洒な雰囲気の住宅街となる。この付近はロンドンでも有数の高級住宅街になっていて、とくにザ・ボルトンズといわれる辺りは最高級の住宅街といわれていて、格段に落ち着いた感じになる。庭付きの戸建ての邸宅は少なく、ほとんどが四階建てほどのフラット、つまり高級アパートメントみたいな形式の住宅になっている。百年以上も経ったような石造りや煉瓦積みの古いデザインの住宅街は、眺めているだけでも美術品に囲まれているといった雰囲気に溢れていて、いつの間にかゆったりとした気分にさせられる。

サウス・ケンジントン駅近くのレストランやカフェのテラス席は午後遅くなっても談笑している人たちでいっぱいだ。いくらイギリス人が勤勉といっても、生活をエンジョイしようとする姿勢を持っている人たちだ。

イギリスは日本のような同質的な社会とは対極に位置する国だ。まずは富裕層が多くて庶民との格差が大きい。その上、人種や民族が様々なこともあって、価値観が多様だ。そんなこともあってか、人々の表情を眺めていると思考や行動の選択の幅が大きく、周囲からの束縛が比較的ゆるやかで開放的な感じがする。

上流階級に属する人たちは別として、身なりは全体にラフで、タトゥーやピアスをしている人が目立ち、皆自分は自分という姿勢で生きているという印象を受ける。しかし、価値観が多様化するにつれて考え方や行動が複雑になっていけば、社会にまとまりがなくなることは避けられない。とくに近年は難民や移民の流入が加速していることもあって、その傾向がさらに強まっていくことは間違いないようだ。

イギリスだけではなくヨーロッパ全体に同様の傾向が強まっていることを見ていると、ヨーロッパの国々で将来円滑な社会運営をしていけるのか少し心配になってくる。

ヴィクトリア&アルバート博物館の見学に出かける。自然史博物館の隣りにあって、宿から歩いて行けるので気軽な散歩気分だ。美術、工芸、衣装から工業製品に至るまでデザイン関連の大コレクションで有名な所だ。

見学を終えて、宿に戻り、スティーブンがいたのでその感想を述べる。彼はここで週に三回ほどレクチュアする仕事もしているらしい。

「面白かったよ。すごい所蔵品だね。大英博物館との違いはあるの?」と話しかける。

「そりゃあ、大英博物館の方が圧倒的にすごいよ。比較にもならないよ」とのこと。

イギリスの文化財の保有の規模はとにかくすさまじいものがある。

七月六日　ロンドン

朝、スティーブンが窓の外を眺めながら「オー、ビューティフル・デイ!」と嬉しそうな表情で呟く。

昼、外出する。体を撫でるようにして微風が通り過ぎ、体中がさわやかさで満たされる。気温と湿度の絶妙なバランスがそうさせているのだが、日本でもめったに体験できないような感覚だ。イギリス人たちが絶讃するイングリッシュ・サマーとはこのような天気のことなのかもしれない。

近くの中華屋で昼食を済ませて、地下鉄でバラ駅へ向かう。イーデンに教えてもらったバラ市場の見学だ。駅からロンドン橋方向へしばらく歩くと露店風の小さな店が集まった一画に突き当たる。チ

小さな食料品の店が集まるバラ市場

ーズやパン、紅茶、野菜、果物、魚、オリーブオイルなどの店が軒を並べている。辺りを歩き回りながら露店の見物。千年以上もの歴史のある有名な市場だけあって、さすがに規模が大きく、並べられている食品の豊富なこと。あれこれ食べ物を見て歩き、食いしん坊にはたまらないひと時を過ごす。

一通り見終え、ロンドン橋を渡ってロンドン塔の前を通り、タワーブリッジを渡り返してもとのバラ駅まで一巡。散策後、地下鉄で宿に帰る。

宿にはスティーブンがいたのでまた歴史の話になる。

「ところで、ドゥームスデーブックはどこかで閲覧できるのかな?」と質問。ドゥームスデーブックとは、ノルマン人がイギリスに攻め入った後にウィリアム征服王の指示で行われた検地の台帳だ。歴史史料としては非常に有名なものだ。

「リッチモンドの国立公文書館にあるよ。以前、そこで見たことがあるけどね。しかし、常設での展示はされてないはずだよ」国宝級の古文書になるのでやはり、一般人が閲覧するのは難しいようだ。とにかく、ロンドンには美術館や博物館は数えきれないほどあるので、じっくり観て歩くつもりならそれなりの日程がなければとても無理だ。

「ところで次の首相はだれがいいと思ってるの?」キャメロンが辞意を表明したことで次の首相選びが始まったからだ。

「断然メイだね。メイしかいないね。メイはサッチャーを彷彿させるような有能な女性だよ。僕は大好きだね」とメイをべた褒めだ。

「でも、メイはEU離脱派というわけではなかったよね？」

「それは彼女が賢いからだよ。あえて態度を鮮明にしなかったんだよ」

「でも、サッチャーも今ではかなり嫌われてるって聞いてるけど？　サッチャーのおかげでいくつもの産業が消滅してしまったし、失業者は増えるしで、イギリスではかなり恨まれていると聞いたことがあるよ」

「サッチャーの登場する前のイギリスはそれはひどい状態だったんだよ」とスティーブンはさとすような表情になって語り始める。

「当時のイギリスの産業は労組が牛耳ったりしていてもうボロボロだったんだから。サッチャーはそこからイギリスを救って、建て直してくれた大の貢献者だよ。なんといっても三選されたことは彼女が国民からそれだけ支持されていたということだよ」イギリスのかつての惨憺たる状況を思い返しながら、少し真剣な表情になって、サッチャー擁護の弁をまくし立てる。

「僕は今でもサッチャーの大ファンさ。とにかく若い頃にはサッチャーのマークの入ったキャンドルからスリッパ、コーヒーカップなどのグッズを集めていたくらいなんだからね」サッチャーには相当心酔していたらしい。

「僕は保守党の党員だからね」と付け加える。

スティーブンの言葉を聞いているうちにかつての日本の知識層の無様さを思い出す。戦後一貫して世論をリードしてきた知識層、既成メディアが無責任にまき散らしてきた空疎な理想論にうんざりさせられてきたからだ。とにかく頭でっかちな人たちが妄想や幻想に支配されてしまって、現実が見えなくなるという愚かさに染まりきっている姿をさんざん見せられてきたという思いがある。

現実を見失い、人間の本性をきちんと見据えることができない人間はたとえいくら学力、学識があったとしても賢さとは無縁としか思えないとあらためて感じる。

タワーブリッジの優雅な姿

ＥＵ離脱後のイギリスは、当分の間、政治的にも経済的にも不安定な状態がつづくと見られていて多くの人たちが将来に不安を感じているらしいのだが、スティーブンには動揺の様子がない。彼には将来のイギリスの歩むべき方向がはっきり見えているらしい。

スティーブンと話をしていると冷静に現実を見つめている姿勢が、いかにも聡明さを感じさせ、イギリスの知的レベルの高さを見せつけられているような感じになる。

夜はサブウェイで食事をするため外出。

サンドイッチはシンプルで食べなれている味ということもあって、旅行中は店を見かけるたびに利用していた。というか、こちらの食事が口に合わないこともあって、まともに食べられるものがこれしかなかったのだ。しかし、三か月も旅して思い出す食事がサブウェイのサンドイッチでは、さすがに情けない。

サンドイッチで夕食を終え、スーパーでヨーグルトの大きめのものとカットフルーツ、インド人経営の酒店で缶ビールを買って帰る。酒店ではいちばん目立つ棚に日本酒の中瓶がずらりと並べられているのを見かけた。結構日本酒が飲まれているらしい。

七月七日　ロンドン
曇りで気温は低め。

「イギリスにいる人たちは人種や民族が様々だけど、この状態をどう思ってるの？」とスティーブンに尋ねる。人種、民族の展覧会といったロンドンの町の様子が、いつも気になっていたからだ。人種、民族の多様な社会のことは、以前は「人種の坩堝」という言葉が使われていたが、ひとつに融和しないままに混在した状態を表すのに最近は「人種のサラダボウル」という言い方がされるようになっている。ロンドンの一見して異なった人種、民族が混在したままの「人種民族のサラダボウル」状態は、これでまともに社会が成り立つのか不思議に思えるほどだ。

「いいわけないいじゃないか。そもそも多文化共生なんて無理だよ。数千年後には可能になる日が来るかもしれないけど」と流行の多文化共生主義には懐疑的だ。

「ヨーロッパ全体が同じような状態になってきてるけど、今頃になってどうにかしようとしても実際のところもう手遅れじゃないのかね」

「そうかもね」と平然として答える。相変わらず平静な男だ。

イギリスはもともと移住者によって築かれた国だ。大陸からケルト人が移住してきた後にゲルマン系の様々な民族が次々と渡来し、現在のイギリスを造ってきた。ゲルマンの移住もそれほどの大昔とも思えない。そのような歴史的経緯もあって、イギリスの人々は、イングランド、ウェールズ、スコットランドという地域ごとのアイデンティティーは持っていてもイギリス人としての自覚には乏しいのが普通だ。それにもともとが移民によって形成されてきた国なので移住者には寛容なはずだが、近年大量の移民が押し寄せてきていることもあって、最近は移民に対する人々の考え方に明らかな変化が表れてきているようだ。その背景には、このままでは今まで分断されながらもかろうじて保たれていたイギリス人としてのアイデンティティーが失われ、国としてまとまっていくことが難しくなるという潜在的な危機感が台頭してきているからのように思える。

ストリートリーのユースで同室になったイラク人からシーア派とスンニ派の対立の愚かさと両派の融和の必要性を聞かされたばかりなのだが、七月に入ったとたんバングラデシュで日本人を含む犠牲者が出て、さらにバグダッドの爆弾テロで多数の犠牲者が出るような事件が立て続けに起きている。

日頃、こういったニュースに接していると一神教の世界では、イデオロギーや宗教を異にする者同士が融和しながら共存することはほとんど不可能としか思えない。

とくに中東系の難民は出生率が半端ではないくらい高いこともあって、ＥＵ各国でのイスラム系住民の占める割合が急速に大きくなっていることを考えるとヨーロッパには政治的、社会的な混乱が加速していく将来しかないような感じがしてくる。

いずれにせよ、ポリティカル・コレクトネスや多文化共生主義、フェミニズムなどのリベラルな考え方が支配的になってきた状況を考えるとついにパンドラの箱が開かれてしまったという感じがしてきて、収拾のつかなくなる未来がかいま見えてくるような気がしてくる。

「イギリスはキリスト教に距離を置いている人が多いというイメージがあるけど、どう思う?」ヨーロッパを旅をして感じるのは、ポーランドなどの一部の国を除いて、宗教には無関心といった雰囲気を感じていたからだ。

「自分の場合は、キリスト教系の全寮制の学校にいたので、その頃は本気で信じていたよ。でも、キリストが水の上を歩くなんて、今となってはさすがに信じられないけどね」と苦笑する。

「全然信じてないの?」

「いや、そういうわけじゃなくて、今でも部分的には信じているがね」少し曖昧な言い方になる。理屈ではわかっていても、小さい頃から親しんでいたものを捨て去るのはやはり容易ではないらしい。

午後は地下鉄でウェストミンスター駅に向かう。ビッグベンやウェストミンスター寺院を見学した後は歩いて宿に戻る。

明日は、ブライトンの安宿で同室だったT君とピカデリーサーカスで会う約束の日だ。

七月八日　ロンドン

曇り。

「今日はどこの見物かね？」とスティーブンが聞いてくる。

「ピカデリーサーカスで人と待ち合わせすることになっていてね。ついでに、その辺りで土産を買うつもりにしてるんだ」

「土産だったら紅茶がいいよ。フォートナム＆メイソンには大きな紅茶のフロアがあるから、そこで買ったらいい。紅茶では有名な店だからね。ハロッズは有名だけどやたらに高いだけで買い物に行くのは観光客だけだよ」

地下鉄でピカデリーサーカスまで行く。この辺りはロンドンの繁華街でさすがににぎやか。旅の話をしながらT君と中華料理の食事をした後、彼の案内で近くの店をのぞいて回る。

T君はショッピングに興味のあるタイプなので店やブランドなどにやたらに詳しい。ところが、こちらはもともと買い物にはあまり関心がないこともあって、ただ彼について回るだけ。

フォートナム＆メイソンに入る。建物は少し古くてそれほど大きくはないが、いかにも老舗デパートらしい雰囲気。紅茶で有名なだけあって、紅茶の売り場の広いこと。燕尾服を着た男性スタッフの説明を聞いて、紅茶を購入。その後は男性用品の売り場をのぞいてみる。普通のデパートと違って、商品の数は多くはないが、老舗で造られた手造り感のある高級品だけが厳選して並べてあるという様子。

店全体がいかにも歴史と伝統を担っているという独特のたたずまいで、階級社会のなごりが歴然と漂っているという感じがする。

いくらブランド品に興味がないといっても、店内に漂う重厚感には圧倒される。

七月九日　ロンドン
いよいよ明日出発。今日が事実上イギリス最後の日となった。

地下鉄に乗って、ナショナル・ポートレート・ギャラリーを見学。見終わった後は、歩きながら近くのトラファルガー広場を通って、バッキンガム宮殿に向かう。辺りは観光客で溢れかえっている。ちょうど衛兵の行進時に通りかかったので、道路脇からバンドの演奏に合わせて赤と黒の服を着た衛兵たちが進むのを眺める。宮殿前での交替式を終えて営舎に戻るところらしい。

行進を見送って、ハイド・パークを通り、キングスブリッジ通りに出る。ハロッズの前に来たので店内をのぞいてみる。値札を見て本当に腰を抜かすと困るので早々に退散。場違いな雰囲気で、自分には全く無縁の世界だ。そのまま歩いて宿に戻り、昼寝をして過ごす。

「やっぱり国がいいかね？」日本に戻れるのを心待ちにしている様子を感じ取ったらしいスティーブンが聞いてくる。

「そりゃあ、そうさ。言葉や気候、食事にものの考え方、みな違っていて、とにかく気が休まることがなかったからね」

それに物価が高いし、宿にしても日本だったら宿が見つからなくても終夜営業の店を見つけてそこへもぐり込めばなんとか朝まで過ごせる。食事にしてもスーパーやコンビニに行けば食べ物は満載で選び放題だ。そんな便利さはこの国にはない。

やたらに寒くて、雨が多くて、坂道だらけ。おまけに食事はまずくて高いときている。かなりの忍耐心、我慢強さがなければ、とても暮らしていけないような国だ。とにかく旅を振り返ってみても、雨に濡れ、寒さに震え、坂道に苦しみ、サブウェイのサンドイッチを食べたことくらいしか思い出せないというさんざんな旅になってしまった。とにかく、毎日なにかと格闘していたような気がする。そんなわけで「もう一度イギリスを自転車旅行してみたら？」と言われても即座に拒否することだけは間違いないようだ。

しかし、旅をしていて、移民の流入、格差の拡大、アイデンティティーの喪失、将来に対する不安といったイギリスの直面している大きな悩みみたいなものを、なんとなく肌で感じることができたのはこの旅の大きな収穫だったように感じる。

衛兵の行進

七月十日　ロンドン

朝四時に目を覚ます。暗い部屋の中、皆はまだ眠ったままだ。ベッドの中で地下鉄が動き出す時間を待つ。暗闇を見つめていると、頭の中には旅の出来事が次々とよみがえってくる。雨の中で転倒してしまったこと、ハバントに向かう四車線道路で土砂降りの中パンクして自転車を押しながら歩きつづけたこと、サウサンプトンの宿でパソコンの変換プラグがないことに気づいた時のこと、ウィンダミアに向かう山の中でへたり込んでしまったこと、そしてダンドークに向かう途中の丘の上でのカラスの子との悲しい別れ。道路脇で繰り返し見掛けた土ぼこりにまみれたぼろ布のようになった小さなウサギたち、つぶらな瞳を大きく開いたまま草むらに横たわった鹿のそばを心の中で手を合わせるようにして通り過ぎた時のこと。

それらのひとつひとつの光景をたどりながら心の中で追体験を繰り返す。なんだか、つらいことばかりが起きた旅だったような気がする。

つらい思い出の中、時折見かけた母親の背中に乗った子羊たち、アニックに向かう途中で見かけた人懐っこい子羊たち、ギルスフィールドの宿で出会った優しいブロディーのこともほのかな笑みとともに心に浮かんでくる。

見過ごしてしまいそうなささやかな出来事にしかすぎないのだが、なんとも言えないようななつかしさで心を満たしてくれる。旅とはこうやって、わずかな幸せが感じられる思い出で少しずつ心の隙間を埋めていく作業なのかもしれない。

午前六時、思い出にひたるのを止め、ようやく体を起こす。まずはベッドの脇に置いてあったナップザックを背負い、自転車用バッグ二個をかかえて身をよじるようにしてドアとベッドの狭いすき間を通って部屋を出る。急な階段を降りてフロントに向かう。いったんフロントの辺りに荷物を置いて、別室に預けてあった段ボール箱を運び出す。いよいよこれからが一仕事だ。まずは段ボール箱だけをかかえて、七、八〇〇メートル先のアールズ・コートの駅に向かう。長さが一メートル以上、重さが二〇キロほどもある代物なので、両手でかかえたり、引きずったりしながら駅の玄関の前に運ぶ。そのまま取って返して宿に戻り、次はナップザックと自転車用のバッグだ。駅前の歩道の上に荷物がそろったところでいったん息を整える。

ハイド・パークで旅が終わってホッとした表情の著者

ナップザックを背負い、左手に自転車用バッグ、右手に段ボール箱の姿で駅のホールに入る。早朝ということもあって、人が少ないのに胸をなでおろしながら、空港までのチケットを購入する。

段ボール箱を引きずりながら改札口に向かう。二人の駅員が驚いた表情で「こんなの見たことないよ」とつぶやく前で、やおら段ボール箱をかかえ上げ、持ち上げたまま狭い改札口を通り抜ける。

そしてまた荷物を引きずりながらホームにつながっているエレベーターの前に向かう。なんとかホームにたどり着いた時はもう汗だく。ここで人心地つくがまだ仕事は残っている。

ホームでしばらく待っているうちに空港行きの電車がすべり込んでくる。扉が開くとタイミングを合わせるようにおおわらわで荷物を車両に運び込む。これでなんとか今日の大仕事をやり終えて肩の荷をおろしたような気分になる。

電車が動き始めると窓外には町の光景が広がり、立ち並ぶ住宅、公園、小さな林などの見慣れた町の光景が目の前を次々と流れていく。

ふたたび訪れることもないだろう町の表情を記憶の中に封じ込めるように見つめているうちに、日本に帰れるという思いがわき上がってくる。体の中にたまりきっていた疲れが少しづつ心地よいものになっていき、厳しかった旅の思い出がなつかしいものに変わっていくのを感じる。長くてつらい旅はようやく終わったらしい。

あとがき

一読されてどんな感想を抱かれただろうか。表題にもヘトヘトを使わせていただいたのだが、「ヘトヘト」「クタクタ」「胸をなでおろす」「縮み上がる」などの言葉のオンパレードにさぞかしうんざりされたことだろう。とにかく今思い返してもつらかったことばかりが頭に浮かんでくる。

まずはどのような次第でイギリス、アイルランドを旅することになったかを説明しよう。海外を自転車で旅する場合、気になるのはやはり治安だ。アジア、南米、中東など、訪れてみたい国はいくつもあるのだが、自転車で旅するとなると話は別だ。生きて戻れる自信がないのでほとんどの国が対象から外れてしまう。

治安のいい所となるとまずはヨーロッパになるのだが、すでに横断、縦断の旅をしているので残った国から選ぶとなると対象国はかぎられる。北欧諸国にも魅力を感じるのだが、気候が厳しいことに加えて物価が高すぎるとなると長期の旅に向いているとも思えない。そんなことから、やはりイギリス、アイルランドが選ばれた。

どちらも親しみがある国で治安も良好、小さな島国だから走る距離もたいしたことがない。おまけに英語の本場なので海外旅行ではいつも悩まされる言葉の問題がない。とにかくいいことづくめなのでこれで喜ばないのはどうかしている。ということで期待に胸をふくらませながら、旅の計画を進めた。そんな時イギリス旅行から帰ったばかりのイギリス好きの知人から「イギリスは山が少ないから自転車だったらのんびりした旅行ができるね」と再三言われているうちに根が単純なこともあって、いつの間にか、頭の中にはゆったりした気分で自転車の旅を楽しむイメージが広がり、期待はますます高まるばかりとなった。今までなぜこの二つの国を旅しようと思いつかなかったのか、首をかしげてしまうほど自転車で走るには魅力的な国に思えた。

旅行案内の本を読むと「イギリスにはどんな小さな町にもリーズナブルな料金で宿泊できるＢ＆Ｂがあるので宿に困ることはない」という記述をいくつも見つけて、これまたうれしがらせてくれた。なにせテントを持たない旅なので安宿が多いのはそれだけでも宿探しの苦労から解放されるわけだから喜ばないわけがない。

走る時期とルートは、ロンリープラネットから出ている「Cycling Britain」を参考にした。それには「イギリスを旅するには四月から十月がベストの時期、夏季はホリデーシーズンになるのでそれを避けるとすれば四月から六月、九月初旬から十月中旬にかけてがベスト」とあったので、さっそく四月から走ることに決めた。

もっとも、そのまま順調に出発の日を迎えたというわけではない。本文にも書いているが、出発の日が近づくにつれて、テロ事件が続発したりして憂鬱な気分にさせられてしまった。

もともと海外での自転車の長旅にはさまざまな危険が伴うこともあって、不安と隣り合わせになってしまうのはしかたがない。犯罪に巻き込まれることがあるかもしれないし、この年齢にもなれば旅先での急病が怖い。そして、なによりも交通事故に遭遇する可能性も低くはない。これらのトラブルが起きた後の対応の面倒さは考えるだけで気が遠くなってしまいそうだ。（もっともトラブルの後に生きていればの話になるが）

そんなこともあって、旅のことをあれこれ考えていると不安の黒雲が心の中に広がってくるのは抑えようもなかった。

そんな気分になるのは自転車の旅に出発する前にはつきものみたいなもので、いざ走り出してしまえばなんとかなるだろうという気持ちがあったのも確かだ。しかし、少しずつ思い知らされることになったのだが、今回の旅は少し様子が違っていた。いきなり雨と寒さ、きつい坂道の洗礼を浴びた後も転倒したり、パンクしたりのアクシデントの連続。その後もパソコンなどのトラブルにも悩まされつづけ、ようやくまともに走れるようになったのはウェールズを抜け出しイングランドを走る最終段階になってからくらいのものだ。

ストレスから解放されるつもりで出かけたはずが、逆にストレスをため込む旅になってしまって、思い返していると疲れがぶり返す思いだ。至福の時を味わうつもりが、トラブルつづきで悲劇的な結末になったりするのは結婚だけではなく、自転車の長旅も同じらしい。

ところで、なにが面白くて自転車の長旅をしているのかと聞かれることがあるのだが、なかなかうまい説明がしにくい。少し回り道になるが、沖縄を旅をして知り合った人のエピソードを紹介してみよう。

移民として南米に移住したその人は現地でいくつかの試練と失意を経験した後、日本人仲間と一緒にジャングルの開拓を始める。このままのめのめと日本には帰れないという意地みたいなものがそうさせたらしい。しかし、その作業に従事するうちに泥沼のような厳しい状況に見切りをつけた仲間が次々と去って行く。そこに最後まで残って開墾の仕事をつづけたのがその人だった。あえて聞かなかったが、結果が失敗に終わったことは明かだった。

「苦労したんですね?」と問いかけると「いや、人生はいろいろあった方が面白いと思うよ。そうじゃないの?」と笑いながら逆に問い返されてしまった。

人生がそうだとしたら旅も同じようなものだろう。人さまざまである以上、旅のあり方もさまざまだ。旅に求めるものが違ってくるのは当たり前のことだ。しかし、旅行会社がアレンジしてくれたスケジュールで移動して、ガイドの後ろを歩いてお定まりの観光名所の見物、そしてこれまたあらかじめ用意された立派なホテルで豪華な料理、合間をみてはブランドショップめぐり、万一困ったことが起きても担当者が対応してくれる。そんな旅はたしかに楽かもしれないけれど、自分には退屈としか思えない。

見事に整えられた植え込みを眺めながら立派に舗装された道を歩くのはたしかに快適だが、伸びるにまかせた樹木と雑草に囲まれ、地肌がそのまま露出したような荒れた山道を歩く方をはるかに面白く感じるのと同断だ。

だれも訪れようとしない、ひっそりたたずむ風景に心の安らぎを覚える。とにかく、人にせよ、風景にせよ、なにげない自然のままの姿をそのそばで眺めているのが好きだ。

自転車に乗って一定のリズムで身体の動きに合わせて進んでいると、自転車が自分の体の一部になってしまったような気分になってきて、それがなんとも心地よい。

それに人にはもともと体質的に緊迫感を求めてやまないようなところがあるらしい。叫び声を上げながらホラー映画やバンジージャンプを楽しむ人たちのように、苦痛と紙一重のツボに隠されている快楽を求める習性みたいなものと言ったらわかりやすいかもしれない。

そんなさまざまなことが自転車の旅をつづけている理由になっているような気がする。

今回の旅はなんともつらいものになってしまったが、一〇二日の間、惰性に埋没しきった生活から、目を覚まさせて、生き返らせてくれたことだけは間違いないようだ。

今回の出版に当っても、未知谷の飯島、伊藤両氏のお力添えをいただいた。あらためて感謝を申し上げる。

いしおか みちたか

1948年福岡県生まれ。早稲田大学法学部卒。2007年まで独立行政法人に勤務。主に沖縄でのサイクリングを愉しんでいたが、2008年にはポルトガルからポーランドまでの自転車でのヨーロッパ横断、2012年にはヨーロッパ縦断を体験。著書『ロバは自転車に乗って』『ロバはまだ自転車に乗って』(未知谷)。

ロバは三度《みたび》自転車《じてんしゃ》に乗《の》って

イギリス・アイルランドへとへと自転車周遊篇

2018年 7 月20日 初版印刷
2018年 8 月10日 初版発行

著者　石岡通孝
発行者　飯島徹
発行所　未知谷
東京都千代田区神田猿楽町2丁目5-9　〒101-0064
Tel. 03-5281-3751 / Fax. 03-5281-3752
［振替］ 00130-4-653627
組版　柏木薫
印刷所　ディグ
製本所　難波製本

Publisher Michitani Co. Ltd., Tokyo
Printed in Japan
ISBN978-4-89642-559-8　C0095